Ester

Un momento de gloria

B&H
JOVEN
Porque Cada PALABRA Cuenta®
BHEspanol.com

Ester, un momento de gloria

ISBN 978-1-4336-8970-3

B&H Publishing Group
Nashville, Tennessee 37234
www.BHespanol.com

Clasificación decimal Dewey: C221.92
Clasifíquese: Ester, reina / Biblia, Antiguo Testamento, Ester – el estudio y la enseñanza / Biblia, Antiguo Testamento – biografía

Diseño, diagramación e ilustración de la tapa:
Enrique Campdepadrós

Impreso en Shenzhen, Guangdong, China, octubre el año 2016

1 2 3 4 5 * 21 20 19 18 17

ÍNDICE

Capítulo 1

Estamos de fiesta

Como puedes ver, estamos con todos los preparativos para una gran fiesta. Sí, porque es una ocasión muy muy especial. No, no es mi cumpleaños y tampoco es mi aniversario de bodas. Lo que estamos festejando es muchísimo más que eso.

Esta es la primera fiesta de Purim que vamos a celebrar todas las familias judías que vivimos en el gran imperio medo-persa, que es la potencia mundial más poderosa e importante de este tiempo. El rey del imperio se llama Asuero, quien también resulta ser mi esposo. Eso quiere decir que yo soy la reina. Por eso uso esta corona... Me llaman la reina Ester.

No, no... El que está aquí a mi lado no es el rey Asuero. Este es mi padre de corazón y se llama Mardoqueo. Él me adoptó cuando mis padres murieron, cuando era apenas una niña. No, no es un extraño, porque es mi primo: el hijo del hermano mayor de mi papá Abihail. Ah, también tengo que decirles que mi verdadero nombre no es Ester, que en el idioma persa significa «estrella». Mis padres me llamaron Hadasa.

Lo que ves aquí sobre mi escritorio es la carta que acabamos de firmar Mardoqueo y yo. También está el sello que acaba de imprimir Mardoqueo con el anillo que le dio el rey Asuero al concederle la autoridad como el segundo hombre más importante en el reino.

Esta carta será enviada a todos los judíos en las 120 provincias del imperio para proclamar como ley que los días 14 y 15 de cada mes de Adar se celebre la fiesta de Purim.

¿Qué significa Purim? Viene de la palabra «pur», que en idioma persa significa «suerte».

Yo no creo en la suerte. Tampoco creo en las fatalidades ni en las casualidades. No creo que haya un hombre tan poderoso que sea capaz de cambiar el curso de la historia. En cambio, creo en un Dios muy sabio que gobierna los destinos del mundo. Creo en el Dios Todopoderoso que sabe qué está sucediendo en todo tiempo y lugar, y por qué. Sé que tiene un plan para toda la humanidad y nada sucede sin que Él lo autorice personalmente.

Por todo lo que hemos pasado en estos últimos tiempos, puedo decir ahora que nací exactamente en el momento que Dios diseñó para mí, para un tiempo de gloria. Un momento único que ha cambiado la «suerte»… es decir, el destino o el futuro de toda la humanidad.

Que ustedes me vean ahora como reina, la esposa del rey del imperio más grande de la Tierra, y firmando esta carta es la mejor prueba que tengo para demostrarles la verdad que acabo de contarles acerca de Dios.

Ustedes se preguntarán qué hace una judía sentada en el trono del imperio más grande de la Tierra como su reina. Es una larga historia… Todo empezó en otro banquete muy grande, hace unos años.

Esta es mi historia.

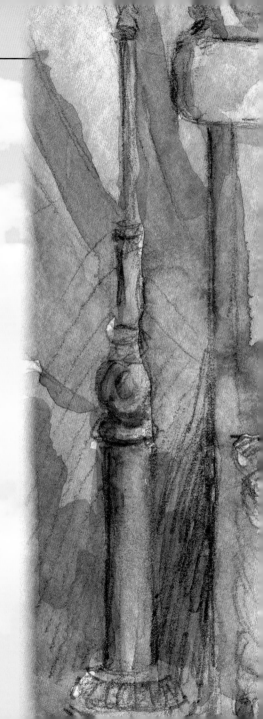

9

Capítulo 2

Mi vida como esclava

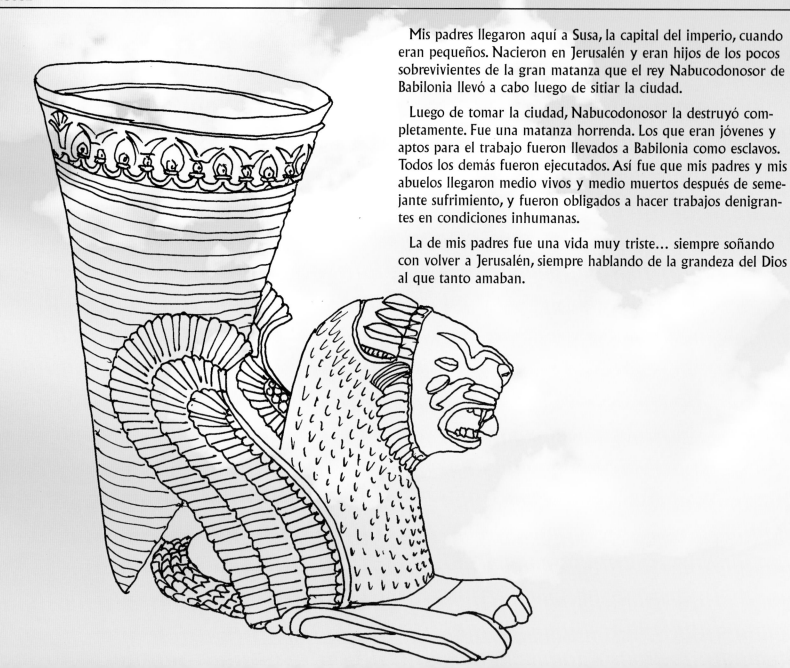

Mis padres llegaron aquí a Susa, la capital del imperio, cuando eran pequeños. Nacieron en Jerusalén y eran hijos de los pocos sobrevivientes de la gran matanza que el rey Nabucodonosor de Babilonia llevó a cabo luego de sitiar la ciudad.

Luego de tomar la ciudad, Nabucodonosor la destruyó completamente. Fue una matanza horrenda. Los que eran jóvenes y aptos para el trabajo fueron llevados a Babilonia como esclavos. Todos los demás fueron ejecutados. Así fue que mis padres y mis abuelos llegaron medio vivos y medio muertos después de semejante sufrimiento, y fueron obligados a hacer trabajos denigrantes en condiciones inhumanas.

La de mis padres fue una vida muy triste... siempre soñando con volver a Jerusalén, siempre hablando de la grandeza del Dios al que tanto amaban.

13

A pesar de la tristeza que había trazado surcos en sus frentes y borrado sus sonrisas, jamás los escuché insultar a sus opresores ni quejarse contra Dios. Aunque no tengo muchos recuerdos de ellos, cada vez que cierro los ojos para hacer mis oraciones, aparecen las imágenes de ellos arrodillados orando y cantando a Dios. Casi siempre, le pedían perdón a Dios por haber pecado contra Él. Ellos, como la gran mayoría de los que fueron deportados a Babilonia, estaban convencidos de que Dios los había castigado por su desobediencia y terquedad, y por haber adorado a los ídolos de los pueblos vecinos.

Siempre decían: «Dios nos había puesto como un faro de luz para las naciones, pero no le obedecimos. En cambio, dejamos que las tinieblas en que vivían las naciones vecinas se metieran dentro de nuestras vidas. De una u otra manera, apresamos, avergonzamos y matamos a todos los profetas que Dios nos envió para que volviéramos a Él. El propósito de Dios era que nosotros lo reflejáramos en nuestras vidas, pero en cambio, lo ignoramos y empezamos a adorar a dioses de piedra y madera, que no pueden dar vida como nuestro Dios».

A pesar del dolor profundo que sentían, siempre aparecía al final una sonrisa de esperanza, y un suspiro delataba su deseo de ver cumplidos sus anhelos.

Esperamos el día de la promesa de volver a vernos en Jerusalén, tal como lo prometió el Señor. Así se saludaban todos siempre, en particular, al celebrar el año nuevo.

Mis abuelos y mis padres murieron y nunca pudieron cumplir sus sueños. Los abuelos están enterrados en Babilonia y mis padres en Susa.

Sin embargo, una buena cantidad de nuestros paisanos ha vuelto a Jerusalén. ¡Sí, porque Dios siempre cumple Sus promesas! El profeta Jeremías anunció que el cautiverio en Babilonia duraría 70 años.

Efectivamente, poco antes de cumplirse ese tiempo predicho por Dios, el rey Ciro de Persia atacó y derrotó al rey Nabónido de Babilonia, el hijo de Nabucodonosor. Así, las dos grandes potencias se unificaron y Susa pasó a ser la capital del reino. El rey Ciro era mucho más tolerante en cuanto a la libertad religiosa, por lo cual, todos los judíos comenzamos a disfrutar de mucha más paz y libertad para adorar nuevamente a nuestro Dios. Pero, claro, no se podía hacer como se hacía antes, ¡en el gran templo de Jerusalén!

Fue precisamente el rey Ciro quien promulgó un permiso para que muchos de los deportados pudieran volver a Judea y a su capital, Jerusalén.

El sacerdote y escriba Esdras, junto con una buena cantidad de familias, regresaron y reconstruyeron el templo de Jerusalén. Cuando lo inauguraron, hubo llantos de dolor y también de alegría y júbilo. Todo junto al mismo tiempo. Increíble, ¿no es cierto? Estaban los más jóvenes que celebraban danzando de alegría porque nuevamente tenían el templo; pero los más viejos lloraban con una amargura que partía el corazón. Claro, ellos se acordaban de cómo era el templo original, el que había construido el gran rey Salomón con toda la riqueza que le había dejado preparada su padre, el rey David.

¡Este templo nuevo no era ni la décima parte de lo que había sido el primero!

Eso fue hace casi 30 años…

Sin embargo, la gran mayoría de los descendientes de los deportados de Jerusalén se quedaron en Persia. Debería decir: «Nos quedamos en Persia», porque yo no me fui. Bueno, en realidad, nadie jamás me preguntó qué opinaba al respecto. Yo tampoco esperaba la pregunta. Era huérfana, una niña apenas, y era hija de esclavos…

15

Se preguntarán, entonces, ¿con quién viví todos estos años? ¿Quién me educó y quién me cuidó?

Mis padres murieron cuando yo era muy pequeña. Entonces, mi primo Mardoqueo me adoptó como su hija. Él ha sido mucho más que mi primo. En todo sentido, fue un verdadero padre para mí.

Mi papá Mardoqueo siempre trabajó en el palacio real de Susa para el rey, y tenía que permanecer muchas horas allí, disponible y dispuesto para cualquier cosa que quisiera el rey. Con frecuencia, regresaba muy tarde por la noche. Y, si había asuntos oficiales que atender con visitas de otros reinos, lo más probable era que no volviera.

En esos casos, le gustaba quedarse afuera del palacio con los otros servidores, escuchando sus historias de vida y sus orígenes. Después, cuando cenábamos, me contaba las historias de las culturas de tierras muy lejanas y diferentes a las nuestras. ¡Pensar que Dios también se preocupa por ellos y los ama como a nosotros!

Nuestra casa era pequeña y sencilla, lejos del centro de la ciudad y del palacio. Como muchos de los judíos del vecindario, elegimos una casita que estuviera cerca del río para que las mujeres pudiéramos realizar los rituales de purificación, tal como indica la ley de Moisés.

Pero, eso sí, nuestra casita siempre estaba limpia y ordenada. Como Mardoqueo me había enseñado a hacer las compras en el mercado y también a cocinar, me encantaba prepararle sus platos preferidos y que hubiera pan recién horneado. Sin embargo, era imposible que las dos cosas estuvieran en su punto justo. ¡Nunca se sabía cuándo iba a entrar por la puerta! Todas mis comidas estaban siempre frías o recalentadas y el pan nunca estaba como cuando lo sacaba del horno… ¡Qué frustración!

Mardoqueo me enseñó todo lo que sé de nuestro gran Dios y la historia de nuestra nación. Me contó cómo Dios le habló personalmente a Abraham, que justamente había nacido en esta parte del mundo, para que se fuera a una tierra nueva y desconocida para él. Allí, Dios comenzó a formar un pueblo súper especial.

Después, en los tiempos de Jacob (el nieto de Abraham), once de sus hijos vendieron a José, el hijo preferido, a una caravana que iba a Egipto. Eso era parte del plan de Dios para salvar a toda esa familia (menos de 80 personas, mis antepasados) de una gran hambruna que castigó a todo el mundo durante 7 años. Terminó el peligro, pero este puñado de personas se instaló en Egipto y no volvió a la tierra prometida por Dios.

Pasaron más de 400 años y esa familia pequeña se convirtió en un pueblo de más de un millón de personas. Dios levantó a un líder llamado Moisés, muy distinto a mi esposo, el rey Asuero, porque era un hombre manso y humilde. Sin embargo, Dios hablaba con él y con nadie más. Por eso fue el gran líder de la nación liberada que salió de Egipto con señales poderosas hechas contra los egipcios, porque habían esclavizado a mi pueblo.

Después, Dios levantó a otro gran líder: Josué. Fue un gran guerrero y un hombre de mucha fe. Él guió al pueblo en la conquista de Jericó, donde los muros de la ciudad cayeron espectacularmente... ¡sin tirar una sola flecha!

Vinieron los jueces y después los reyes. Pasaron muchos años... y todos se olvidaron de lo que Dios había hecho por ellos. Comenzaron a adorar a los ídolos de los pueblos vecinos. Dios se enojó porque le dieron la espalda y prefirieron adorar a dioses que tienen boca pero no hablan, manos pero no acarician, pies pero no caminan. Son cosas hechas con maderas y piedras. ¡Cosas muertas! Dios tuvo una paciencia infinita, pero el pueblo no volvió al Señor. Entonces, pasó lo que tenía que pasar: Dios permitió que Nabucodonosor conquistara Jerusalén.

Esclavos nuevamente. Aunque algunos de mis compatriotas reconstruyeron Jerusalén, la realidad es que la mayoría de los judíos nos quedamos en Susa y en otras provincias del reino de Asuero.

¿Si quiero volver a Jerusalén? Sí, me encantaría. Pero ahora soy la reina del imperio más grande del mundo y la esposa del rey Asuero. Creo que para mí es imposible.

Yo ya he cumplido la misión que Dios me dio. Ahora les toca a otros cumplir con su parte.

Como hoy, en tu época, te toca a ti descubrir el llamado de Dios. Prepárate, como me preparé yo, para cuando sea «tu momento de gloria». Ahora voy a contarte cómo fue ese momento tan especial... ¡mi momento de gloria!

19

CAPÍTULO 3

Una noticia inesperada

El rey Asuero no era un hombre de andar con pequeñeces. Cuando hacía algo, lo hacía a lo grande. No, no… Me quedé corta. Cuando hacía algo, ¡lo hacía a lo súper grande!

Un día, decidió organizar un banquete. Por lo general, que yo sepa, un banquete es una ocasión muy muy especial. Puede ser por un cumpleaños importante, un casamiento, el nacimiento del primer hijo, cuando ganamos una carrera, cuando un general gana una guerra, cuando alguien hace un descubrimiento científico importante, o cuando se inaugura un puente o un templo.

Pero, para el rey Asuero, todas esas cosas eran cosas insignificantes. Como dije antes, pequeñeces… Él tenía que sobresalir. Tenía que demostrar que no había nadie más grande que él, y que su reino y su poderío eran magníficos. Quería hacer alarde de las inmensas riquezas que tenía. Eso sí era importante para él.

Dedicó muchísimo tiempo a organizar esta fiestita. ¿Saben cuántos días duró? No, claro que no. ¿Cómo iban a saberlo? Les cuento… Fueron 180 días. ¡Sí! Medio año a pura fiesta. Sin hacer nada más que celebrar, comer, beber, bailar, dormir, celebrar, comer, beber, bailar y volver a dormir para hacer todo otra vez todos los días. ¡Ciento ochenta veces! ¡Qué locura!

Así es Asuero…

A esta fiesta, fueron invitados todos los príncipes, los gobernadores de las 120 provincias del reino y los hombres más poderosos de Persia y Media. Todos

23

sabían que no podían decirle «no» al rey... y menos a este. Así que todos aceptaron con amabilidad la invitación, diciendo que se sentían muy honrados por la preferencia de su majestad. ¡Qué hipócritas! Porque, para la mayoría, asistir era parte de sus obligaciones laborales.

Sí, por supuesto, fue un banquete espléndido. Estoy casi segura de que me sobran los dedos de una mano para contar las fiestas que se le puedan comparar. Todos quedaron maravillados por la grandeza, el esplendor y el poderío del rey Asuero. ¡Absolutamente todos!

Pero, como todas las cosas, el banquete finalmente se terminó.

¿Qué hizo entonces el rey Asuero? ¡Organizó otro banquete! Pero tenía que ser más grande y fastuoso que el anterior. ¡Por supuesto!

Esta vez, los invitados fueron todos los habitantes de Susa, la ciudad capital del imperio. Todos estaban invitados, desde el menor hasta el mayor. La fiesta iba a durar una semana entera.

Por tal motivo, se decoraron todos los jardines del palacio para que nadie quedara afuera. El rey no escatimó en gastos para que el esplendor y el lujo se destacaran en cada rincón. El cortinado que rodeaba los jardines era blanco, verde y azul, atado por cordones de lino de color púrpura con anillos de plata. Estaba extendido entre impresionantes columnas de mármol de un reluciente blanco.

Para que los invitados estuvieran cómodamente sentados por todo el jardín, se tendieron almohadones muy finos sobre reclinatorios de plata y oro, apoyados sobre lozas de mármol con incrustaciones de piedras preciosas.

Para agasajar al pueblo, el rey ordenó que se sirviera el vino en vasos de oro, a voluntad de la gente. Si alguien no deseaba tomar, estaba bien. Si quería beber mucho vino, también estaba bien. Eso sí, el vino era el mejor de los mejores.

¡Para nosotras también hubo fiesta! Pero aparte, claro, porque así era la costumbre en esta parte del mundo. Cuando se decía que todo el pueblo estaba invitado, se sobrentendía que eran solamente los hombres. Por eso, nosotras fuimos invitadas especialmente por la reina Vasti al banquete exclusivo para las mujeres, que se realizó en el palacio real.

Todo iba bien, realmente bien. Las dos fiestas fueron un éxito total... hasta que sucedió algo inesperado, totalmente fuera del programa.

Lo que pasó cambió la historia del imperio, de la vida del pueblo de Israel y, por supuesto... ¡La mía también!

La fiesta estaba llegando a su fin. Era el séptimo día del banquete y el rey estaba muy contento. En realidad, estaba demasiado contento. Era el efecto del vino... de tanto vino que había tomado. Claro, ¡estaba borracho!

—¡Usteeeeede shete! Bayan sejidaaa bushcar la rena Bashtiii —ordenó el rey a los siete eunucos que estaban atendiendo su mesa real—. Kero e benja medato co shu corooona ral.

Los siete eunucos salieron corriendo hacia el palacio real.

—Esto es para problemas, Bizta —comentó Mehumán mientras subían las escalinatas al frente del palacio—. La reina está brindando su propio banquete con las mujeres y no le va a gustar que el rey la exhiba como otra de sus obras de arte.

—¡Cállate Mehumán! —le recriminó Zetar jadeando desde atrás—. Sabes que el rey tiene soplones por todas partes.

—Es cierto. Ahora, en estos tiempos de tantos rumores de traiciones, peor aún —resopló Harbona, tratando de recuperar el aliento—. No se sabe quién es quién, amigo o enemigo.

Los eunucos llegaron hasta la puerta de la corte real, donde estaba la reina Vasti celebrando el banquete. Estaba espléndida, como siempre. Recién cumplidos los 30 años, su belleza radiante sobresalía entre la multitud. Sus cabellos negros y brillantes, una tez suave y fina, y el cuello delgado y terso destacaban su altura y su porte elegante y digno de la reina más hermosa del mundo.

La reina Vasti estaba rodeada por las esposas de los príncipes y los gobernadores de las provincias del reino en la mesa principal, mientras que las esposas de los cortesanos ocupaban el segundo círculo de mesas. Luego se encontraban las esposas de los hombres de negocios y los comerciantes. Las mesas más alejadas estaban ocupadas por las mujeres del pueblo.

Sin dejar de prestar atención a lo que estaba haciendo, la reina detectó la entrada de los eunucos e inmediatamente los reconoció como los que servían a la mesa real.

—Problemas… ¿Qué querrá ahora el rey Asuero? —suspiró por lo bajo la reina, sin dejar de sonreír.

Giró la cabeza y, con un leve gesto de las cejas, llamó a sus siervas, que estaban de pie detrás y dispuestas.

—Acaban de llegar los siervos del rey. Por favor, vayan a recibirlos y, discretamente, pregunten qué quiere su majestad el rey —ordenó Vasti sin dejar de sonreír ni de mostrar su preocupación.

Unos instantes más tarde, regresaron con la noticia inesperada.

—Su majestad el rey Asuero ha ordenado que la reina se presente en su banquete con la corona real y que desfile delante de sus invitados —informaron las siervas.

El rostro de la reina se transformó. Se le borró la sonrisa, el ceño se le frunció, las fosas nasales se inflaron de ira, el rostro se le puso de un rojo ardiente y los ojos punzantes lanzaban dagas capaces de atravesar al más valiente.

Vasti se levantó de golpe y se encaminó hacia los eunucos siervos del rey, quienes comenzaron a retroceder por el pasillo. Finalmente, los tuvo frente a frente y explotó.

—¡La respuesta es NO! —gritó con toda su potencia—. Díganle al rey que no soy un objeto de colección ni algo para ser exhibido en sus repisas, y menos aún un objeto sexual para mostrarles a esos viejos verdes que se arrastran lamiéndole las sandalias al rey. ¡Bah! Díganle lo que quieran, me da lo mismo.

Se dio media vuelta y, sin despedirse de sus invitadas, se fue directamente a sus habitaciones.

La música había cesado en el banquete femenil. Nada se movía. Nadie respiraba. Todas allí sabían lo que esto significaba.

Lentamente, comenzaron a hablar en susurros todas juntas. El apoyo a la reina Vasti era incondicional. Todas se sintieron identificadas en su rebelión. Ahora, ella se había convertido en su ídolo y modelo a imitar. Sin embargo, sabían que, al llegar a sus casas, volverían a ser sometidas por sus esposos y ninguna de las decisiones tomadas en el palacio del rey Asuero en ocasión del banquete de la reina Vasti se implementarían… ¡jamás!

Los eunucos quedaron petrificados. Sin quererlo, la reina Vasti les había dado una salida posible. Claro, ¿quién de ellos se iba a animar a repetirle al rey lo que acababa de decir la reina? En su ira ciega, el rey era capaz de matar al mensajero. Sin embargo, la reina les abrió la puerta para poder decirle al rey lo que mejor les viniera a la mente… o lo que tuvieran el valor de decir.

Todos miraron a Bigta. Sin saberlo, había sido electo en forma unánime para llevarle la inesperada respuesta al rey en su estado de embriaguez. ¿Por qué Bigta? Porque era una montaña de músculos fibrosos con cara de niño y voz de gorrión. Por eso. Todos querían a Bigta. El rey también. Extrañamente, le tenía un afecto singular. Por eso.

Como no podía ser de otra manera, la explosión de ira del rey fue terrible. Gritó. Pataleó. Amenazó a todos. Menos a Bigta, que se quedó quietito quietito después de entregar su mensaje. Sabía que, si decía una palabra más, era hombre muerto.

En su furia, el rey terminó el banquete. Convocó a una reunión de gobierno allí mismo, ya que estaban los 7 príncipes de Persia y de Media, y los gobernadores de las 120 provincias…

—¿Qué hay que hacer con la reina Vasti, según la ley de Persia y de Media, por su desobediencia a una orden directa del rey enviada a través de los eunucos? —Fue la orden del día dictada por el rey para la reunión de gabinete del imperio.

Hubo momentos de consultas entre los príncipes. En especial, hablaron los más ancianos. Después de un breve debate, se levantó el príncipe Memucán, el portavoz del grupo de los príncipes.

—Excelentísimo rey Asuero, la desobediencia de la reina Vasti a vuestra orden explícita y directa no solamente es una afrenta contra la corona y su digna y noble envestidura real —comenzó con toda vehemencia Memucán—. Ha sido un pecado imperdonable también contra todos los príncipes del imperio grande y poderoso que su majestad ha sabido llevar a la gloria, y contra todos los pueblos que se encuentran en las provincias donde se venera al supremo rey Asuero.

—¡Sí, sí, sí! —gritaron al unísono todos los príncipes y gobernadores.

Memucán levantó la mano pidiendo silencio.

—Porque esta rebelión que ha comenzado la reina Vasti será repetida miles de veces a través de todo el imperio, y las mujeres menospreciarán a los hombres —continuó con su discurso Memucán—. Una verdadera amenaza para nuestro estilo de vida. ¡No lo podemos admitir!

—¡No, no, no! —gritaron unánimes los príncipes y gobernadores con más vehemencia que antes.

—¿Qué debemos hacer, entonces, nobles consejeros reales? —preguntó Asuero, envalentonado por el respaldo de sus hombres leales.

—Su Majestad debe dictar y firmar un decreto real que se escriba entre las leyes de Persia y Media para que no se pueda quebrar ni anular nunca, que diga lo siguiente… —Memucán hizo una pausa para que sus palabras pudieran causar mayor impacto—. «Por desobediencia al rey de Persia y Media, la reina Vasti ha sido destituida como reina y desterrada, y en su lugar, se hará reina a otra mejor que ella. Y todo hombre debe afirmar su autoridad en su casa».

El rey se frotaba la barbilla, pensativo y complacido, mientras los demás murmuraban su aprobación y asentían con las cabezas. Asuero caminó de aquí para allá unos minutos, evaluando el impacto de esta ley.

—¡Sí! Aprobado —anunció el rey Asuero girando sobre sus talones y golpeando el puño derecho sobre la palma de su mano izquierda.

Al día siguiente, el decreto fue escrito y lacrado con el anillo del rey. Se enviaron cartas a todas las provincias en sus idiomas originarios y en su forma de escritura, con instrucciones firmes de que todo hombre afirmara su autoridad en su casa.

La reina Vasti fue destituida y deportada a su tierra natal.

A pesar de todo, el rey aún amaba a Vasti por su belleza singular. Sin embargo, ya la había echado. Asunto terminado. No iba a quedar muy bien frente a los nobles, los príncipes ni el pueblo si mostraba debilidad por una mujer. Quedaría humillada su imagen de león indomable. ¡Qué dilema! No podía vivir con ella y tampoco podía vivir sin ella…

29

Capítulo 4

Cómo gané el concurso de belleza

El rey daba vueltas por su palacio como un león enjaulado, llorando sus penas de amor... a tal punto que se convirtió en una cuestión de Estado. Hubo innumerables reuniones de los ministros del rey y el único tema en sus agendas era cómo reemplazar a la reina Vasti, un problema urgente pero, por el momento, sin solución.

Mi primo Mardoqueo me contaba todos los días las noticias de la corte y las ideas que se proponían entre los cortesanos. Algunos sugirieron organizar otra fiesta de 180 días. También hubo quienes quisieron mandarlo a explorar lugares desconocidos de la Tierra. Otros propusieron inventar una guerra contra Egipto.

Finalmente, decidieron concentrarse en conseguirle una nueva esposa. Para encontrar la mejor candidata, se organizó un concurso de belleza en todo el imperio. Se formó un grupo especial de eunucos conocedores de los apetitos sexuales del rey, que no eran pocos. Todos en el círculo íntimo del rey sabían que era muy activo en este tema en particular.

Buscaron durante tres meses y reunieron a las adolescentes más hermosas de todas las regiones del imperio, y fueron trayendo a las candidatas a la capital, Susa, para prepararlas especialmente y presentárselas al rey. Todas debían ser vírgenes y de una belleza sobresaliente, capaces de competir con la belleza de Vasti.

Al frente del proyecto pusieron a Hegai, un verdadero maestro en el arte de los adornos femeninos, los perfumes aromáticos, el buen vestir y, sobre todo, un experto en la preparación de las candidatas según los gustos exóticos del rey.

✶✶✶✶✶

—¡Mardoqueo! Me voy al mercado a comprar los ingredientes para la comida de hoy y mañana —anuncié parada a la puerta—. ¿Necesitas que te compre algo?

—Mmmm, lo único que necesito es un caballo blanco alado —respondió riéndose Mardoqueo—. Si ves uno, ¿me lo compras por favor?

Mi primo Mardoqueo estaba de buen humor esa mañana. Evidentemente, todos los ojos estaban puestos en el concurso de belleza y el desfile incesante de señoritas que eran traídas de todas las provincias.

Me fui pensando qué diría Mardoqueo si un día realmente lo sorprendía y aparecía en casa con un caballo blanco, aunque no tuviera alas de verdad. Si había una cosa que le encantaba a mi primo era ver los desfiles militares y los magníficos caballos de la elite persa de la *Huwaka*,[1], haciendo sus destrezas con su trote reunido, el trote extendido, el trote elevado en el sitio sin moverse, la caminata hacia los costados meneando la cabeza. Era un apasionado de la equitación.

Sin darme cuenta, sumida en mis pensamientos, había llegado al mercado. Había más gente de lo habitual, y una comitiva de la guardia real también. Era inusual, pero pensé que estarían cumpliendo órdenes o simplemente comprando provisiones para la guardia real. No le di importancia, así que me dediqué a buscar lo que me hacía falta a mí.

—¡Tú! La de la capucha dorada... Sí, tú. ¡Ven aquí! —gritó el oficial a cargo de la comitiva.

Esa, la de la capucha dorada... ¡Era yo!

Me acerqué al oficial sin saber qué estaba pasando. Me corrió la capucha hacia atrás, me miró con evidente asombro y, sin decir palabra, dio dos vueltas a mi alrededor, una vez para un lado y luego para el otro.

---

[1] *Huwaka*: título honorífico que recibieron 15.000 nobles en Persia que formaban la caballería de elite de los persas.

—¡Sí, sí, esta es! —musitaba por lo bajo el oficial, obviamente complacido, pero yo no sabía por qué—. Con esta me ascienden a general.

—¿Cómo te llamas muchacha? —me preguntó el oficial.

—Hadasa, señor —respondí, todavía sin entender nada.

—Muy bien, Hadasa, te llevamos al palacio real para prepararte para el rey —declaró el oficial. Me tomó con brusquedad del brazo y, antes de que pudiera decir algo, me levantó por el aire y me subió al carro donde ya había otras dos muchachas, y él saltó atrás.

—Pe… pe… pero no puedo ir. ¡Tengo que volver a casa para preparar la comida a mi pa… —comencé a protestar.

—¡Al freeeeen-té! Vamos al palacio. ¡Paaaa-so dooooo-blé! —ordenó el oficial, ignorándome por completo.

Alrededor de mí, los comerciantes del mercado enmudecieron, sin saber cómo reaccionar. Todos me conocían y también a mi primo Mardoqueo.

*****

—¡Mardoqueo! ¡Mardoqueo! —gritó el mercader de frutas en la puerta de la casa de Mardoqueo—. ¡Se llevaron a Hadasa! ¡Se la llevaron al palacio!

Mardoqueo salió de prisa a medio vestir. Se estaba preparando para ir al palacio para trabajar como todas las mañanas. Esperaba el regreso de Hadasa para salir.

—¿Qué estás diciendo? ¿Quién se la llevó? ¿Por qué al palacio? —Le salieron todas las preguntas juntas mientras se hacía un nudo tratando de caminar rápido y de acomodarse la ropa al mismo tiempo.

—Fue un oficial de la guardia real del palacio. Dijo que la llevaban allí junto con otras dos muchachas para prepararlas para el rey —informó el mercader, todavía agitado por la corrida desde el mercado.

—¡Oh, noooo! La tomaron como parte del grupo de doncellas para que el rey escoja a alguien para reemplazar a Vasti —lamentó Mardoqueo, quien sabía perfectamente que no se trataba de un concurso de belleza, sino de saciar la lujuria del rey.

—¿Qué va a hacer ahora, Mardoqueo? —Se mostró genuinamente preocupado el mercader, quien realmente apreciaba a Hadasa, como la apreciaban todos los que la conocían. Era muy hermosa… ¡hermosísima! Pero ¡tan niña todavía!

—No sé. No tengo la menor idea de qué se puede hacer en estos casos —respondió Mardoqueo, mientras su cerebro corría como el corcel brioso de sus sueños, tratando de decidir qué hacer primero—. Me voy al palacio y allí trataré de encontrarla.

—Cuente con nosotros para lo que necesite… —gritó el mercader mientras Mardoqueo regresaba apresurado a la casa—. ¡Ah, Mardoqueo, aquí le dejo la canasta y la capucha de Hadasa, que se cayeron cuando se la llevaron los soldados!

Pero Mardoqueo ya había desaparecido.

Ya en el palacio, fue directamente a la casa de las mujeres, donde sabía que estaba el equipo especial que preparaba a las chicas para su encuentro con el rey Asuero. Como era de esperar, no le permitieron entrar ni ver a su prima.

Sin embargo, como todos allí sabían quién era Mardoqueo, aceptaron pasarle un mensaje escrito a Hadasa. La nota decía simplemente: «No digas que eres judía; todavía no ha llegado tu momento».

*****

Hegai, el eunuco que estaba a cargo de todo en la casa de las mujeres, me miró de arriba abajo varias veces. Me tocó el cabello, lo olió, lo levantó para mirarme el cuello y lo apartó para analizar mis orejas. Me abrió la boca con cuidado para mirarme los dientes y oler mi aliento. Me tomó las manos y me acarició las palmas. Miró con cuidado cada uña y sobre todo los nudillos. Después, subió por los brazos y, con extrema delicadeza, me desvistió un hombro y después el otro. Me giró y me recorrió la espalda. Me senté sobre el borde de una mesa y, con ojo analítico, me miró los pies y los dedos. «¡Ajá! ¡Mmmm! ¡Bieeeen!» y otras tantas observaciones similares se fueron repitiendo por largos minutos mientras completaba su meticuloso estudio de mi anatomía.

Lo que me llamó la atención fue que hizo todo con tanta delicadeza que no me sentí violentada ni maltratada. Obviamente, sabía lo que estaba haciendo y, a pesar de todo, me sentí protegida y segura.

A medida que iba haciendo su diagnóstico, fue dando algunas indicaciones de qué cremas, ungüentos y perfumes debían prepararse para mí. Fui dándome cuenta de que no iba a volver a casa esa noche… y, posiblemente, por muchas noches más. Aunque no podía revelar mi identidad como judía, por lo que me había pedido Mardoqueo, la realidad no se iba a modificar. Yo era una esclava. Y los esclavos no tienen derechos.

—¿Cómo te llamas, jovencita? —preguntó amablemente Hegai cuando terminó su trabajo de inspección.

—Hadasa, señor —susurré nerviosa.

—Hegai. Nada de señor. Yo soy un esclavo —respondió Hegai, tratando de romper el hielo—. A partir de este momento, yo soy tu mejor amigo en este lugar. Porque yo haré de ti, muchacha, una nueva reina. ¡El rey Asuero se va a olvidar de Vasti! ¡Tú serás la próxima reina de Media y Persia! La estrella que opacará el brillo de la luna y del mismísimo sol. Tú serás la reina Hada… ¡No, tú serás la reina… Ester![2]

Todas las ayudantes de Hegai aplaudieron y celebraron el anuncio del eunuco. Evidentemente, estaban también de acuerdo con la opinión de su jefe.

—A partir de ahora, tu vida comenzará a cambiar por completo —explicó Hegai mientras caminaba por el salón haciendo gesticulaciones y describiendo mi futuro—. Caminarás como una reina, hablarás como una reina, comerás como una reina y, cuando te vea el rey, ¡se olvidará de que alguna vez existió alguien llamada Vasti!

La preparación llevó un año entero. Me hicieron un tratamiento de piel muy especial y costoso con aceite de mirra durante seis meses. Al cabo de ese tiempo, mi piel brillaba a la luz de la luna, era suave como la seda y mi presencia no pasaba inadvertida, gracias a la estela de perfume que dejaba al pasar.

Después, durante otros seis meses, Hegai me entrenó personalmente para que me comportara como una reina. Aprendí a caminar como una reina, a mover las manos y quedarme quieta, a sentarme, a pararme, a acostarme, cómo y cuándo comer, cómo beber correctamente de una copa de vino y a estar siempre sonriente para el rey, aunque me doliera la cabeza y me apretaran las sandalias.

Al principio, todos se reían de mis torpezas, pero aprendí rápido y fui ganando el respeto y la admiración de Hegai y de todos los que estaban trabajando bajo sus órdenes, que eran muchísimas personas.

Todos comenzaron a alentarme de una manera diferente, como diciendo: «Nosotros queremos que tú ganes el concurso y seas la nueva reina». Hasta que, un día, Hegai me lo dijo directamente: «Voy a enseñarte cómo ganar el corazón del rey, para que se olvide definitivamente de la reina Vasti».

---

[2] Ester: nombre que recibió Hadasa, que significa «estrella» en idioma persa.

El corazón me dio un salto. Ya me había enterado de lo que les sucedía a las otras chicas que recibieron el mismo tratamiento que yo. Cada noche, iba una chica virgen y muy bonita, preparada como me estaban preparando a mí. A la mañana siguiente, la muchacha era llevada a otra casa y de allí no salía hasta que el rey la volviera a llamar. Si es que alguna vez la llamaba…

¡Esto no era un concurso de belleza ni la búsqueda de una nueva reina!

La idea no me entraba en la cabeza. ¡Yo era judía! Mardoqueo me había enseñado bien sobre las leyes de Dios, y que debía mantenerme virgen para casarme con un buen hombre que también compartiera mi fe en Dios.

A pesar de que no podíamos vernos con Mardoqueo, armamos una red de espionaje con dos eunucos, uno adentro de la casa y otro afuera. Así fue que todos los días pudimos mantenernos en contacto. Sus notas siempre eran de aliento, pero nunca me habló de liberación, de volver a casa, ni siquiera de volver a vernos.

En cambio, cada vez más me sorprendía que sus notas me alentaran a esperar «mi momento de gloria». Cada vez que le preguntaba, su respuesta era simplemente: «Lo sabremos cuando Dios nos lo revele. Por ahora, solo debemos esperar y orar».

Solo mi almohada y yo sabemos de la lucha interna y desesperada que estaba librando. Mis ilusiones de adolescente se estaban esfumando; nada de lo que había imaginado sería posible. ¿Por qué estaba Dios permitiendo que yo también fuera una víctima de ultraje y abuso? ¿Quién iba a querer casarse conmigo después de esa noche en la que entregaría mi virginidad?

¡Cómo necesitaba hablar con Mardoqueo! Él me diría qué hacer…

Sin embargo, también sabía que era una esclava. Era judía. Era una mujer. Era una adolescente. En definitiva, no tenía derecho a nada, ni siquiera a hablar sin que me dieran permiso. Durante las noches, volcaba mi corazón delante del Señor, orando y llorando. Ahora, mi destino estaba escrito. ¿Cómo podía ser esta la voluntad de Dios?

Una mañana, Hegai entró a mi habitación y me dijo que faltaba apenas un mes para que fuera mi turno para ser probada por el rey. Un escalofrío…

Durante esos 30 días, Hegai me enseñó todo lo que hay que saber sobre el sexo. Todo, absolutamente todo. Gran parte de ese tiempo lo usó para enseñarme a seducir al rey. ¡Cómo luchaba interiormente! ¡Cuántas veces sentí deseos de gritar que era judía y que todo lo que me estaba enseñando me revolvía el estómago!

Finalmente, exploté. No pude contenerme más.

—¿Qué diferencia hay entre ser una reina y una prostituta? —grité con los ojos llenos de lágrimas—. Porque me parece que me estás enseñando a ser las dos cosas al mismo tiempo.

Hegai se sentó a mi lado. Sonrió. Suspiró.

—Ester, te estoy enseñando a domar a un león. Eso es el rey Asuero —dijo con toda ternura Hegai—. Estas son tus herramientas para domarlo, para que se rinda a tus pies y, delante de ti, se comporte como un indefenso gatito. Tú ya eres una reina. Siempre lo has sido. Solamente falta que, cuando entres a sus aposentos, lo transformes a él en un verdadero hombre, y por siempre haga lo que tú le pidas. Yo sé que puedes. Yo sé que tu momento de gloria está por llegar pronto, cuando seas reina.

Mi momento de gloria está por llegar pronto, me repetí una y mil veces.

Fue como un relámpago que me cayó del cielo. ¿Estará Dios confirmando todo esto?

—Reina Ester, comencemos a trabajar sobre cómo te vestirás para tu gran noche —dijo de golpe Hegai y se puso de pie como un resorte.

Por fin, llegó el gran día. Desde la mañana, Hegai y todos en la casa de las mujeres estuvieron detrás de los preparativos, las recomendaciones finales y, a la hora señalada... la procesión hasta los aposentos del rey.

—Su majestad, me complazco en presentarle a la estrella más hermosa de toda Persia: Ester —anunció Hegai. Me empujó un poco hacia adelante y, sin hacer ruido, cerró la puerta del dormitorio del rey.

A la mañana siguiente, salí de los aposentos del rey con la corona real en mi cabeza. ¡El rey me hizo reina en lugar de Vasti! ¡Había ganado el concurso de belleza!

Una semana más tarde, fui invitada al banquete más hermoso que vi en mi vida. Era mi banquete, el banquete de la reina Ester. O sea, yo. Una judía, una adolescente, una esclava. ¡La reina del imperio más grande del mundo!

CAPÍTULO 5

Atentado contra el rey

La noticia de mi nombramiento como reina corrió por todo el mundo. Como sucede en todos los casos, hubo quienes se alegraron... y muchos que no. Claro, porque algunos estaban interesados en presentarle al rey sus candidatas: sus nietas, sobrinas o sus propias hijas. El interés era sin duda congraciarse con el rey y sacar algún beneficio político, económico o de estatus social.

Creo que no me equivoco si digo que, en todos los tiempos, las culturas y las partes del mundo, esto siempre ha sido así.

Como corresponde a mi nueva condición de reina, me llevaron a los aposentos que antes ocupaba la reina Vasti, que ahora había sido deportada. Pedí que Hegai se quedara a mi servicio con algunas de las esclavas que trabajaban con él, justamente porque una de ellas me ayudaba a hacerle llegar mis mensajes a Mardoqueo, a través de dos eunucos.

Precisamente en esos días, al ver la dedicación de Mardoqueo en el trabajo y la cantidad de tiempo que pasaba en el palacio, le dieron otras responsabilidades. Ahora se ocupaba de la administración de las cuestiones oficiales de la agenda del rey. Para ello, quedó apostado a las puertas del salón de la corte real, justo afuera de donde estaba el trono del rey y donde recibía las audiencias y se reunía con los príncipes y los gobernadores de las provincias.

Eso significaba que tenía que estar más tiempo que antes a disposición del rey. Nuestras comunicaciones seguían siendo diarias, aunque no podíamos vernos.

Un día, mientras el rey estaba reunido con algunos gobernadores tratando de resolver problemas con bandas de ladrones en las provincias más alejadas, le pidió a Mardoqueo que le trajera un mapa de las zonas afectadas para decidir cómo y dónde estacionar tropas del ejército, que enviaría para restaurar el orden.

Cuando Mardoqueo estaba en el cuarto de los documentos y los registros de los actos de gobierno, se sorprendió al escuchar voces. Era un lugar restringido, y no cualquiera podía entrar.

—Ese maldito de Hegai nos arruinó el plan, Bigtán —se lamentó Teres—. Y ahora, el general Balthasar tendrá que armar otro plan para llegar al poder.

—Lo cual significa también que nosotros nos quedamos afuera en las ganancias y seguiremos siendo esclavos —agregó Bigtán—. A menos que hagamos algo nosotros... Así, Balthasar nos deberá otro favor.

—Buena idea, compañero —dijo reanimado Teres—. Así se habla, hombre. ¿Qué tienes en mente?

Durante unos segundos, hubo silencio. Mardoqueo se quedó inmóvil. Sin querer, se había tropezado con información secreta y con una posible estafa o algo peor. Decidió quedarse escondido y escuchar más.

—Estoy pensando... —susurró Bigtán lentamente—. Tenemos que aprovechar nuestra condición de eunucos al servicio del rey para escondernos en sus aposentos mientras está cenando y no haya nadie allí. Cuando termina de cenar, siempre se baña y espera que le traigan a la muchacha virgen para pasar la noche. Mientras se baña, estará indefenso y desprevenido. Allí es cuando lo sorprendemos y lo degollamos para que no pueda llamar y pedir ayuda. Un corte rápido y limpio con la cimitarra.[3] Para cuando traigan a la muchacha y lo encuentren degollado, nosotros estaremos en la casa del general Balthasar informándole cómo le hemos prestado el mejor servicio a su causa.

En medio del silencio, Mardoqueo podía escuchar la fuerte respiración de los dos hombres que tramaban el asesinato del rey

---

[3] Cimitarra: especie de sable usado por turcos y persas.

Asuero. Se quedó inmóvil, sabiendo que la cimitarra lo afeitaría a él primero si los eunucos descubrían que había escuchado su traición.

—¡Eres un genio, Bigtán! —dijo eufórico Teres—. Limpio, rápido y sin ser vistos... ¿Cuándo piensas que podríamos hacerlo?

—Mmmm... Primero hay que esconder la cimitarra en un lugar donde no la vean, y sobre todo, que no nos vean llevándola... Podrían sospechar —dijo pensativo Bigtán—. Después, sería bueno estar bien informados con los cocineros, en especial con Zetar, que siempre le sirve el vino, para que nos avise cuando el rey haya tomado mucho vino y esté casi borracho. ¡Allí es cuando actuaremos! Sus reacciones serán más lentas.

—Bien. ¡Manos a la obra! —dijo decidido Teres.

Los dos eunucos salieron de detrás de la repisa con los registros de las leyes de Media y Persia y, sigilosos, se escurrieron en medio de las sombras del palacio.

Mardoqueo ubicó los documentos que había solicitado el rey. La cabeza le estallaba de preguntas acerca de cómo debía actuar en este caso. Entregó los documentos y salió apresurado.

Lo mejor es que le informe a Hadasa —quiero decir, la reina Ester, la reina Ester, la reina Ester. No se llama Hadasa— y que ella le informe al rey acerca de este complot para asesinarlo. Ella conseguirá convencerlo de que su vida está en peligro, pensó Mardoqueo.

Una hora después, ya tenía la nota de Mardoqueo en mis manos. ¡No podía creer lo que decía! Pero, si era cierto, no había que esperar; había que actuar enseguida.

✳✳✳✳✳

—La reina Ester está triste esta noche... —comentó el rey Asuero mientras disfrutaba su cena y su vino—. No has dicho una sola palabra en toda la cena. ¿Algún problema?

—Sí, su Majestad... —dije lentamente—. Siempre estamos rodeados de personas y no podemos tener un diálogo a solas.

Tenía que lograr hablar a solas con el rey. Debía acercarme para poder informarle sobre el inminente peligro que corría sin que se enteraran los eunucos. No sabía si podía confiar en ellos... Todavía no los conocía lo suficiente.

—¡Afuera todos! —ordenó el rey golpeando las manos.

Todos los eunucos que estaban sirviendo desaparecieron como por arte de magia. Me levanté, me paré junto al asiento del rey y le conté todo el complot de Bigtán y Teres prácticamente al oído, por si estaban escuchando detrás de la puerta.

—¿Y cómo te ha llegado esta información a ti, mi querida reina? —dijo intrigado el rey Asuero.

—Mi informante es tu siervo Mardoqueo —respondí—. Él escuchó a los eunucos cuando lo envió usted a buscar los mapas esta mañana.

—¡Con razón tardó tanto y cuando volvió se comportó tan extraño! —dijo pensativo el rey—. Después de darme el mapa, salió como si hubiera visto un fantasma. Bien, terminemos de cenar tranquilos y me ocuparé del asunto de inmediato. ¿Así que Mardoqueo...?

✳✳✳✳✳

A partir de esa noche, hubo guardias armados alrededor del rey. Pero no siempre se quedaba a dormir en el palacio. A veces, iba a las barracas de los generales del ejército; otras, a los aposentos de la reina Ester. Nunca anticipaba dónde pasaría la noche. El único que hacía los preparativos era Mehumán.

Como Mehumán se convirtió en su hombre de confianza exclusiva, Asuero le reveló lo que estaba sucediendo y le ordenó hacer una tarea de espionaje.

—Mehumán, toma a uno de tus hombres de tu total confianza —le instruyó el rey—. Quiero que se infiltren en el círculo íntimo de Bigtán y Teres, y que se muestren disconformes con mis tratos y declaren que desean verme muerto. El objetivo es que Bigtán y Teres les cuenten sus planes y les propongan participar. Si lo hacen, podemos confirmar la denuncia de Mardoqueo y actuar.

Ganarse la confianza de Teres resultó ser una tarea fácil para Mehumán. Le creyó el cuento y, sin sospechar nada, le terminó contando el plan de asesinato con lujo de detalles.

Esa misma noche, el rey Asuero simuló embriagarse y Mehumán dejó escapar el comentario de que el rey dormiría en sus aposentos reales. Enseguida, Zetar le informó a Bigtán que el rey estaba borracho y que iba a dormir en el palacio esa noche. Bigtán y Teres se escondieron en el aposento del rey, cimitarra en mano.

Sin embargo, el que entró en la habitación real no fue el rey para tomar su baño acostumbrado. Los traidores fueron sorprendidos por la guardia real.

Con las primeras luces del día siguiente, Bigtán y Teres fueron colgados en la horca de la plaza frente al palacio, y el rey Asuero le pidió a Mardoqueo que redactara el informe del intento de asesinato del rey y lo ingresara en las crónicas oficiales del reino.

46

CAPÍTULO 6

El exterminio de los judíos

¿Piensan que ser reina del imperio medo-persa es divertido y fácil? No bien terminamos con los dos eunucos traidores, apareció un problema mayor.

Como sucede en todos los reinos y gobiernos de la Tierra, siempre aparecen ratas oportunistas que tratan de sobarle el lomo al gobernante, con tal de sacar algún rédito personal. El gobierno de Asuero no sería la excepción.

Esa rata se llamaba Amán. Era uno de los líderes principales en el reino persa… pero era una rata. Fue detrás del rey tratando de endulzarlo. Al rey Asuero le encantaba que lo adularan y, como Amán era un maestro en esta disciplina, recibió el premio de ser el segundo en el reino. También consiguió que el rey emitiera una ley que obligaba a todos a arrodillarse y humillarse delante de él. Así que todo el mundo lo hacía, y a Amán le encantaba. Cuando había muchas personas en el palacio, esperaba a ser el último para entrar, así podía disfrutar viendo cómo todos se inclinaban para reverenciarlo… salvo una persona: Mardoqueo.

Por más que los otros servidores en el palacio del rey le preguntaban a Mardoqueo por qué no se arrodillaba, él no contestaba. La razón era obvia (para mí, al menos). Nosotros somos judíos y no nos arrodillamos delante de nadie más que nuestro Dios. Los persas no nos quieren por esto.

La rata de Amán era amalecita, nuestros enemigos jurados desde siempre. Si Mardoqueo declaraba su nacionalidad y explicaba por qué no se arrodillaba, sufriría terriblemente en manos de la rata.

Los amalecitas son nuestros parientes lejanos, descendientes de Esaú, el hermano mellizo de Jacob, también llamado «Israel» por Dios. Esta enemistad comenzó hace mucho tiempo, cuando nos hicieron una mala jugada mientras Moisés guiaba a la nación de Israel a salir de la esclavitud en Egipto.

49

Por esa acción vil, Dios decidió castigar a los amalecitas. Y este Amán era descendiente directo del rey Agag de los amalecitas, a quien el rey Saúl no mató como Dios le había ordenado.

Pensar que, tantos años después, el odio no disminuía y afloró nuevamente prometiendo más muertes. ¡Qué maldición resulta por haber desobedecido a Dios! ¡Cómo aprovecha Satanás, el diablo, toda oportunidad que le damos para robar, matar y destruir!

He visto a muchísimas personas echarle la culpa a Dios por sus infortunios, sin darse cuenta de que la verdadera causa fue que decidieron desobedecer a Dios. Justamente por esto es que estamos nosotros ahora en Susa y no en Jerusalén: por la desobediencia de nuestros antepasados.

¿Alguna vez te ha pasado algo semejante y reaccionaste echándole la culpa a Dios?

¿Qué pasó? Como no podía ser de otra manera, con el tiempo, le dijeron a Amán y este enloqueció. Claro, cuando se enteró de que Mardoqueo era judío, las venas del cuello se le hincharon y los ojos casi le saltaron de las órbitas. Tal era el odio que decidió que era el momento ideal para deshacerse definitivamente del problema judío.

Amán consultó con un brujo que le dijo que el día trece del mes de Adar sería su día de suerte, en persa, «pur». Alentado por esta perspectiva, creyó que tenía asegurada la victoria, y que era su oportunidad de vencer donde otros habían fracasado. Se sentía victorioso e invencible.

Inspirado por el reino de las tinieblas, Amán preparó un plan macabro y se fue directamente a hablar con el rey Asuero.

—Su Majestad, acabo de recibir información que confirma una sospecha que tengo desde hace mucho tiempo —dijo Amán con aires de importancia—. Su Majestad sabe que estamos teniendo problemas de insurgencias y con rebeldes que amenazan siempre la estabilidad de su magnífico imperio. Por lo tanto, tomar acciones severas y definitivas devolverá el orden y la disciplina para que nadie siquiera piense en desafiar la grandeza de su Majestad y su glorioso reinado.

Amán hizo una pausa, para que su presentación causara el mayor impacto y captara la atención del rey y de los ministros de la corte real. Luego continuó:

—Hay un pueblo conquistado que vive esparcido dentro de todas las provincias del reino, tiene sus propias leyes y no se sujeta a las que dicta su Majestad. ¡Hacen lo que quieren y se burlan del gran rey Asuero! —Amán puso énfasis en la burla, sabiendo que eso haría reaccionar violentamente al rey, y prosiguió cuando vio el rostro endurecido y las fauces hinchadas de Asuero—. ¡Al rey nada le beneficia que sigan con vida! ¡Deben ser exterminados inmediatamente!

51

Terminó su discurso con un tono agudo e histérico. Se sentía en la gloria.

El rey Asuero se había creído la historia. Estaba sentado al borde de su trono, el mentón prominente y desafiante extendido hacia adelante y sus dos manos fuertemente cerradas sobre los apoyabrazos de su trono de mármol blanco.

Amán giró sobre sus talones y se acercó pausadamente hasta estar frente al rey.

—Si le parece bien al rey, dicte una ley que se inscriba entre las leyes de Media y Persia, para que no se pueda anular ni revocar, que disponga la destrucción de todo este pueblo que no ama a nuestro gran rey —remató Amán, con total seguridad de su victoria final.

El rey se puso de pie y, delante de toda la corte, se quitó el anillo real, que es su sello, y se lo dio a Amán, el agagueo y enemigo jurado de los judíos.

—Haz lo que quieras con este pueblo y también con todas sus posesiones. Ambas cosas son tuyas —concedió el rey Asuero, complacido por los leales servicios de Amán, el exterminador.

A pesar de ser mediodía, una nube oscura como la noche se extendió sobre el palacio, de tal manera que tuvieron que encender las velas en todas las habitaciones. Pero los que estaban dentro del salón de la corte no se dieron cuenta.

Los escribanos fueron convocados y Amán personalmente redactó la sentencia de exterminio de todos los judíos que habitaban el reino de Asuero: jóvenes y ancianos, mujeres y niños, sin miramientos ni piedad alguna. Además, el que matara a un judío podía apoderarse de todos sus bienes.

La matanza se firmó para el día trece del mes de Adar. Todos los ciudadanos del reino estaban autorizados a ejecutar la orden del rey. Ese día, tendrían total libertad para asesinar a todo judío y borrar toda memoria de su existencia de sobre la faz de la Tierra.

Una vez redactado y aprobado el texto, Amán mismo firmó la carta, derritió el lacre y la selló con el anillo del rey Asuero. A partir de esta carta, se hicieron copias que fueron enviadas con urgencia a todas las provincias del reino.

Amán, satisfecho y con una sensación de invencibilidad, invitó al rey Asuero a descansar y a celebrar juntos tomando vino real.

Mientras tanto, las cartas comenzaron a ser leídas en cada ciudad, pueblo y villa de Persia y Media.

La ciudad de Susa estaba conmovida. Una nación estaba devastada.

Esa noche, fue soltado un espíritu maligno de miedo sobre esa tierra.

CAPÍTULO 7

La decisión más difícil de mi vida

Cuando Mardoqueo se enteró del nuevo mandato del rey, se rasgó las vestiduras y se echó cenizas sobre la cabeza. Así se fue caminando y llorando por las calles de la ciudad, hasta la mismísima puerta principal del palacio real, lo cual estaba estrictamente prohibido. El rey había ordenado que no era lícito hacer duelo frente al palacio.

Pero así era Mardoqueo. Sus convicciones espirituales siempre estaban por encima de su interés o preocupación por sí mismo.

Lo que hizo Mardoqueo puede sorprenderte, pero era la costumbre en nuestra cultura para mostrar que una persona estaba haciendo lamentos y duelo. Mardoqueo no era el único. Por cierto, fue un espectáculo impresionante. En todas las ciudades y todos los pueblitos cercanos y lejanos, se repetía la misma escena de miles y miles de judíos que hacían lo mismo.

✶✶✶✶✶✶

Mis doncellas me informaron lo que estaba haciendo Mardoqueo. Enseguida, le mandé ropa para que se cambiara, pero la rechazó. Como no entendía qué estaba haciendo, le envié a Hatac, el eunuco que el rey me había asignado, con instrucciones de averiguar qué pasaba. De una cosa estaba segura: en cualquier momento lo arrestarían y hasta podían ejecutarlo por violar una ley expresa del rey.

Hatac conversó con Mardoqueo y volvió con más preguntas que respuestas.

—Reina Ester, no entiendo por qué usted tiene tanto interés en un esclavo judío —cuestionó Hatac—. Ese hombre podría ser su padre.

—Eso no importa ahora. ¡Dime qué explicación te dio sobre lo que está haciendo así vestido de luto frente a las puertas del palacio! —gemí angustiada y desesperada—. Él sabe que está terminantemente prohibido hacerlo. Si se entera el rey…

—Pues lo que está haciendo tiene muchísima lógica, mi señora —respondió Hatac asintiendo vigorosamente con la cabeza—. Me explicó que Amán convenció al rey de que los judíos son rebeldes y no se sujetan a las leyes; dice que tienen sus propias leyes. Entonces, para evitar que otros pueblos sigan el ejemplo de los judíos y provoquen la caída del reino de Asuero, le pidió que firmara una ley irrevocable y la sellara con su sello real para que no pueda ser anulada. Según esta ley, el día trece del mes de Adar, en todas las ciudades y los pueblos del imperio, todos podrán ejecutar a sus vecinos y conocidos judíos y se quedarán con sus propiedades y pertenencias. La orden es que no debe quedar ni uno con vida. Ese día, habrá una matanza infernal en todas partes.

—¡No puede ser! ¡Noooo! —exclamé, sintiendo que me desmayaba.

Hatac sacó un rollo de entre sus ropas y me lo entregó.

—Me dio esta copia para usted, de la sentencia de muerte firmada por el rey —dijo preocupado Hatac, al verme llorosa.

57

Desenrollé el documento y lo leí, pero ya sabía todo lo que decía. Era una formalidad.

—Estas no son palabras del rey Asuero. Él no habla así —dije con los ojos fijos en el documento—. Estas son palabras de la rata Amán.

—Mi señora... el siervo Mardoqueo me dijo algo más... —empezó Hatac en voz baja, dudando si era conveniente hablar en ese momento.

—¿Sí? ¿Qué más dijo? —levanté la mirada, con el deseo de escuchar algo que me diera un poco de esperanza.

—No entiendo muy bien lo que dijo. Tal vez para usted tenga sentido —respondió Hatac con cierto recelo—. Voy a tratar de repetir exactamente lo que dijo para no cambiar el significado. Sus palabras fueron: «Le encargo que se presente ante el rey a suplicar e interceder delante de él por su pueblo».

Esto sí que no me lo esperaba. El pedido me dejó helada. Debía jugarme la vida por mi pueblo. Sí, pero si entraba sin permiso, el rey podía matarme por entrar sin invitación... Y hacía 30 días que no me mandaba a llamar.

Hatac seguía hablando.

—Entiendo que los judíos ahora estén desesperados buscando a alguien que los salve de esta aniquilación total —reflexionó Hatac—. Seguramente, yo haría lo mismo. Pero no entiendo por qué dijo *su* pue...

Hatac no terminó la frase. De repente, comprendió mi secreto mejor guardado.

—Sí, Hatac, yo también soy judía —confesé—. Y Mardoqueo es mi primo, pero también mi papá de corazón. Él me adoptó cuando murieron mis padres, cuando era muy pequeña.

—¡Oh! Eso significa que el trece de Adar... también mi señora... —Hatac comenzaba a entender la complejidad de toda la situación.

—Sí, Hatac, la reina Ester, la esposa del rey Asuero, es judía —afirmé enfáticamente—. Y el trece de Adar también está sentenciada a morir.

—¿Su Majestad sabe que... mi señora es... judía? —preguntó Hatac, probablemente imaginando el rostro del rey cuando se enterara de este secreto tan bien escondido.

—No, no lo sabe —respondí—. Déjame pensar un momento. Quiero que le lleves mi respuesta a Mardoqueo.

Después de pensar unos instantes, dije:

—Bien, lo primero que debe saber es lo que puede pasar si entro ahora ante el rey sin permiso previo ni invitación. Dile a Mardoqueo que el rey no me ha llamado en los últimos 30 días. Por lo tanto, si entro sin ser llamada, me expongo a que el rey ordene mi muerte, porque hay una ley que así lo establece. Salvo que el rey tenga misericordia y extienda su cetro de oro... En ese caso, aceptará mi presencia y podré hacerle el pedido. Ve ahora y tráeme su respuesta.

Al rato, Hatac volvió con el desafío de Mardoqueo.

—Mardoqueo dijo textualmente: «¿Y si Dios te ha puesto en el trono del rey justamente para este momento? ¿Si toda tu vida, tu belleza, tu juventud, todo lo que eres y todo lo que tienes son en realidad la respuesta que Dios venía preparando desde antes de que nacieras?».

¡Nunca me hubiera imaginado semejante respuesta!

¿Yo? ¿La respuesta de Dios para el problema del exterminio de toda la nación judía? ¿Cómo podría enfrentar al poderoso Amán y la influencia que tenía sobre el rey? ¿Una joven? ¿Y qué me harían cuando descubrieran que yo también era judía? Cuando estuviera frente al rey, ¿qué debía decir si también estaba allí Amán? Estas y mil preguntas más se me agolparon en la cabeza.

Hasta llegué a preguntarme si era justo que una jovencita tuviera que asumir las responsabilidades de toda una nación. Porque, si fracasaba y todo el pueblo judío resultaba exterminado, ¿eso significa que yo era la única responsable de tantas muertes? ¿Era acaso justo que un inocente tuviera que hacerse cargo de todos los pecadores?

Había estado caminando en círculos por toda la habitación sin darme cuenta, sumida en mis pensamientos. Mis pensamientos. Mis pensamientos…

De repente, como si me hubiera caído un rayo del cielo, comprendí cuál era mi problema. Sí, *mis* pensamientos, *mis* argumentaciones, *mis* temores, *mis* razones… Había estado usando una perspectiva equivocada. Mi problema era que estaba concentrada solo en mí misma.

Había dejado a Dios afuera de la cuestión. Sí, sería absolutamente imposible que yo sola pudiera hacer algo para salvar a toda la nación judía. Pero Dios es un especialista en cosas imposibles desde la perspectiva humana.

Deja que Dios sea Dios, me dije a mí misma.

No sé cómo fue, pero de golpe, sin ninguna razón lógica, recordé vívidamente la historia de Gedeón y sus 300 valientes. Siempre me quedaba boquiabierta cuando Mardoqueo me contaba esta historia. Me acordé de las conclusiones que sacábamos cuando terminaba de contarme alguno de los relatos de las Escrituras.

Lo importante no es superar al enemigo en cantidad ni con nuestras fuerzas, sino la calidad de nuestra obediencia, porque en la obediencia está la bendición. Dios peleará por nosotros.

¡Eso! Dios pelearía por nosotros y nos defendería.

Una sensación de paz me invadió. No podría explicar cómo sucedió, pero todas las dudas se disiparon y tuve la certeza de que era Dios quien estaba afirmándome y dándome ánimo.

Me levanté con la convicción de que solo yo tenía acceso a la única autoridad por encima de Amán: el mismísimo rey. Para esto había sido preparada, para esto conocía más al rey que Amán. Amán lo había seducido con adulación, pero yo lo seduje con amor. El rey es mi esposo, y Amán nunca podría decirle al oído lo que yo le susurraba.

—¡Dile a Mardoqueo que yo soy la persona que Dios preparó para esta hora de gloria! —dije con total convicción—. ¡Mi hora ha llegado! Sin embargo, si tengo que morir, así sea. Pero dile también que tengo un encargo para él y para todos los demás judíos que viven en Susa. Durante los próximos tres días, todos deben hacer ayuno completo y orar a Dios por mi presentación ante el rey Asuero. Yo haré lo mismo aquí con mis doncellas. Al tercer día, me presentaré ante el rey.

CAPÍTULO 8

Un banquete especial

¡Qué puedo decir! Pensé y pensé y no se me ocurrió ninguna idea. Ojalá hubiese estado Mardoqueo... Yo nunca fui una estratega. ¡Ni sabría por dónde empezar! Bueno, en ese caso, tampoco sabría cómo seguir y mucho menos cómo terminar. En pocas palabras: no sabría nada.

Así se pasaron dos de los tres días de ayuno y oración. No es que no tuviera ideas, porque sería mentira, pero ninguna me pareció apropiada.

Esa noche, nerviosa y en medio de un sueño muy liviano, sentí una presencia diferente, pacífica y, apenas después, soñé con un perfecto banquete servido por mí exclusivamente para el rey Asuero y su mano derecha, Amán. En el mismo sueño, la escena se repitió, pero la segunda vez, el banquete era más fastuoso aún, y mis vestidos eran esplendorosos, tan cautivantes que realzaban mi belleza.

A la mañana siguiente, al despertar, sabía cuál debía ser la estrategia. Dos banquetes exclusivos para el rey y para Amán. La clave del éxito era una vieja treta de seducción. Conociendo a los dos hombres como los conozco, sabía que al rey se lo conquistaba por la vista y a Amán por la lisonja.

Sin perder el tiempo, ordené a todos mis sirvientes que comenzaran inmediatamente los preparativos para los dos banquetes. Era esencial que todo estuviera perfecto, a tiempo y, en especial, que todo fuera deslumbrante. Estos dos banquetes debían dejar la fiesta de 180 días como si hubiera sido una baratija.

A Hatac le delegué los preparativos del menú, pero le indiqué específicamente que las carnes rojas estuvieran bien asadas y ahumadas con sándalo y vino rojo dulce levemente fresco con rodajas de limón al costado, para el primer banquete. Abundantes frutos secos, sobre todo higos blancos secos rociados con miel, nueces y almendras. Muchos colores en las mesas.

Al detalle femenino lo agregué con pequeñas vasijas con agua perfumada y pétalos de rosas desparramados por toda la mesa y alrededor de los sillones donde estarían recostados el rey y Amán. Más atrás, debían estar los músicos con sus instrumentos, acompañando con suaves melodías románticas.

Para el segundo banquete, los sabores debían ser más exóticos: faisanes con hierbas secas y rociados con elixires de damascos y duraznos. El sabor debía causar una fuerte impresión y ser completamente nuevo y desconocido para el rey, algo que nunca hubiera probado antes. Debía estar acompañado de castañas de cajú acarameladas, dátiles secos y pasas de uva muy pulposas. El vino tenía que ser blanco, frutado y ligeramente dulzón.

Después, mandé llamar a Hegai para que me ayudara a vestirme y perfumarme. Le conté la misión suicida de presentarme ante el rey sin ser llamada.

—Muchacha loca... perdón, reina Ester... perdón —interrumpió Hegai mientras observaba todo el despliegue de los preparativos, gente corriendo de aquí para allá. Finalmente, clavó la mirada en mis ojos grandes de adolescente promocionada rápidamente a mujer, y declaró—: Yo no me maté durante un año preparándote para que fueras la mejor reina de la historia para que tú, en un arrebato de locura, te hicieras matar porque sí.

—Si no lo hago, o por lo menos no lo intento, de todos modos, el trece de Adar estaré muerta como todos los demás de mi nación —respondí usando un poco de lógica—. Y si hay otra forma, me encantaría escucharla, don sabihondo.

—Mmm, buen punto, reina Ester, buen punto —dijo pensativo Hegai—. Es que me cuesta aún verte e imaginarme que eres judía.

*****

Cuatro horas más tarde, salí de mis aposentos y me dirigí al patio interior del palacio real, ante las miradas atónitas de la guardia, los consejeros y los generales del rey. Sin embargo, nadie se atrevió a decir palabra. Sentí en la piel cómo el ambiente se tensaba. En el aire, sobre la casa real, había comenzado una guerra invisible a los ojos y sorda a los oídos humanos. Era una batalla espiritual.

El rey estaba sentado pensativo en su trono. Enseguida, comenzó a darse cuenta de que ya nadie lo estaba mirando a él. Miró a su alrededor y comprendió que algo inusual estaba pasando. Los rostros de sus colaboradores y sus generales estaban completamente demudados, como si hubieran visto un fantasma. Lo más llamativo fue que se produjo un silencio sepulcral.

A lo lejos, comenzó a escuchar el leve sonido de telas que se rozaban por el movimiento, y pequeños y acompasados golpecitos que parecían ser los pasos de pies muy pequeños.

El rey Asuero giró y me vio venir. Me devoró con la mirada. ¡El plan estaba funcionando! Hegai era un genio, sin duda. Los ojos del rey me decían que tenía toda su atención... así como la de todos los demás en la corte real. ¡Lo que pueden lograr los encantos de una mujer! El rey hizo un esfuerzo sobrenatural por controlar sus reacciones, y vi que recordó que era yo, su esposa.

Claro, hacía 30 días que no me veía. Seguramente, los recuerdos de la noche en la que me coronó reina le hicieron revivir mil memorias y sensaciones. Pude percibir que el corazón le latía fuera de control y casi se atragantó con su propia saliva.

A medida que me fui acercando, vi cómo parpadeaba, como cuando estaba nervioso porque no podía controlar la situación. Sudor había brotado en su frente. De pronto, noté cómo movía las manos sin saber qué hacer con ellas. ¡Estaba completa y perdidamente enamorado de mí!

De repente, su rostro cambió completamente. Se puso pálido y dejó escapar un suspiro de miedo. Me di cuenta de que recordó que no me había llamado... ¡La reina Ester había entrado sin permiso y sin ser llamada al palacio real! No obstante, las dudas duraron solamente un par de segundos. La batalla en el aire había terminado... y en la Tierra también.

El rey Asuero extendió su cetro de oro hacia abajo, hacia mí, su esposa, que ya había llegado hasta el primer escalón del trono y me había inclinado en señal de reverencia.

Lentamente (sin duda, en forma intencional), levanté el brazo derecho y, con la punta de mis dedos, acaricié el cetro extendido del rey. El plan estaba resultando a la perfección. ¡Hegai era un genio! Creo que eso ya lo dije antes.

—¿Qué es...? —La voz le salió aflautada al rey Asuero. Se aclaró la garganta antes de continuar—. ¿Qué es lo que quieres, reina Ester? ¿Tienes alguna petición? Estoy dispuesto a darte hasta la mitad de mi reino.

Por toda la corte real, se escuchó un *¡Ooooh!* sin disimulo. Los cuchicheos no tardaron en seguir. El rey nunca había hecho una oferta así. Ni siquiera a la exreina Vasti.

Qué ganas de decirte: «Claro, tonto, que tengo una petición que hacerte! ¿O crees que acabo de arriesgar el cuello porque estaba aburrida y no tengo otra cosa que hacer hoy?», pensé, pero me mordí la lengua.

—Si le place al rey, y si tiene un poco de tiempo disponible en su tan ocupado día... —dije en cambio sonriendo con inocencia—. Vengan hoy el rey y su fiel mano derecha Amán a un banquete que he

organizado en mis aposentos exclusivamente para agasajarlos a ustedes dos. ¡Solo a ustedes dos!

—¿Dónde está Amán? —preguntó el rey mirando hacia todos lados—. Llámenlo enseguida que tenemos que hacer lo que ha pedido la reina Ester.

—¡Muchas gracias, su Majestad! —dije genuinamente agradecida—. Me honra usted con su favor y su generosidad. No merezco tanta consideración. Los espero al anochecer.

Lentamente y con la cabeza inclinada, fui retrocediendo sin darle la espalda al rey. En la corte, nadie respiraba, pero los ojos de todos esos hombres brillaban...

✶✶✶✶✶

El banquete fue un éxito total. No solamente devoraron los platos que había hecho preparar, sino que también los dos hombres tomaron muchísimo vino y estaban exultantes.

Si alguno de los dos había venido con una sospecha o imaginando algún ardid, a medida que fue progresando la noche, las dudas se fueron disolviendo hasta desaparecer ante la combinación de los exquisitos manjares con la ambientación de colores y sonidos, y el delicado perfume de los adornos florales. Quedaron completamente rendidos a mis pies.

—Reina Ester, nos has atendido magníficamente bien y hemos disfrutado una noche espléndida —dijo el rey Asuero, quien no podía quitarme los ojos de encima.

—Su Majestad me alaba demasiado —respondí con humildad—. Solamente he hecho lo que corresponde a la esposa del rey.

—Muy bien, vuelvo a repetirte mi propuesta de más temprano —dijo el rey—. Pídeme lo que quieras y será tuyo. Cualquier cosa, lo que sea, hasta la mitad de mi reino.

Estaba tentada a revelar mi pedido cuando me acordé del segundo banquete. Todavía no era el momento correcto para hablar. Tenía que ser fiel a la visión de Dios. Si el Señor te da una visión o te revela algo, hay que llevarlo a cabo tal y como Él lo reveló. Sus planes son perfectos, así que no necesitan modificaciones ni mejoras de nuestra parte.

—Si he hallado gracia ante el rey, antes de hacerle conocer mi pedido, le ruego que acepte mi invitación a otro banquete que haré en su honor mañana aquí mismo. Será para su Majestad el rey y para su fiel servidor Amán —dije mientras me inclinaba delante del rey y ponía énfasis en la inclusión de Amán en la invitación.

Dos hombres sumidos en sus propios pensamientos se retiraron sonrientes y satisfechos del banquete. El rey, seguramente felicitándose por tener a Ester en lugar de Vasti. Y Amán congratulándose porque la reina lo había elegido solo a él para agasajarlo junto al rey.

Bastaba con verles el rostro para saber que el plan estaba funcionando.

Antes de acostarme, cansada pero contenta, dejé todo organizado para asegurarme de que todos los detalles del segundo banquete estuvieran entendidos y cuidados.

Capítulo 9

Una horca para Mardoqueo

¡Solamente a mí! ¡Yo soy el preferido!, se dijo Amán, dándose aires de importancia, aunque no había nadie a la vista en el trayecto desde los aposentos de la reina Ester hasta la residencia de Amán, justo frente al palacio real.

Sin embargo, la alegría le duró poco. Al pasar frente al palacio, sentado en los escalones del frente, estaba Mardoqueo, quien esperaba el regreso del rey.

Cuando Amán pasó delante de Mardoqueo, este no se inmutó ni se puso de pie para obedecer la orden del rey que obligaba a todos a levantarse frente a Amán y a reverenciarlo. Esta actitud enfureció a Amán. Además, se daba cuenta de que Mardoqueo no le tenía miedo ni a él ni a la ley del rey Asuero y sus consecuencias.

Estuvo a punto de exigirle que se levantara, pero siguió caminando mascullando su bronca. Al llegar a su casa, a pesar de lo tarde que era, mandó llamar a sus mejores amigos y a Zeres, su esposa.

Cuando todos estuvieron reunidos, Amán comenzó a jactarse, contando cuántas riquezas tenía, el poder que había logrado, el respeto que le tenían todos y cómo lo valoraba el mismo rey, quien no podía hacer prácticamente nada sin él. Por esa razón, el rey lo había colocado por encima de todos los príncipes y gobernadores.

Como broche de oro, contó con lujo de detalles cómo la reina Ester lo había invitado únicamente a él entre todos los miembros de la corte al banquete que había ofrecido esa misma noche para home-

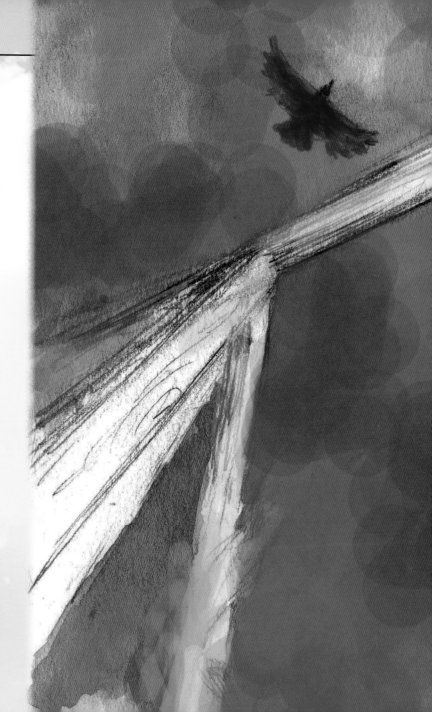

najear al rey. Y por si esto fuera poco, la reina Ester lo había invitado a otro banquete junto al rey al día siguiente.

—Sin embargo, no puedo terminar de disfrutar todo lo bueno que me está sucediendo. Cada vez que me cruzo con ese judío Mardoqueo sentado montando guardia frente a las puertas del rey, se me dan vuelta los intestinos. ¡No lo soporto más! —manifestó Amán con el rostro desencajado.

—A grandes males, grandes remedios... —dijo Zeres.

—¡Exacto! De todos modos, la ley te ampara, porque el judío ha quebrantado la orden del rey Asuero al no ponerse de pie cuando pasas delante de él —afirmó uno de los amigos.

—¿Por qué no levantas una horca bien grande, de más de 20 metros, y mañana a primera hora le pides al rey que lo ahorque allí por todos sus delitos? —aconsejó otro, y todos los demás estuvieron de acuerdo con la propuesta.

—Pero, si por casualidad, el rey no te da ese permiso, tampoco tienes tanto de qué afligirte. El trece de Adar, Mardoqueo dejará de ser un problema —lo consoló otro amigo, recordándole que, ese día, todos los judíos serían exterminados.

—Solo es cuestión de tiempo, ¿no? —volvió a opinar Zeres.

Amán estaba tan contento con la propuesta que inmediatamente comenzó a indicar cómo quería que fuera la horca para Mardoqueo. Recuperó la alegría. Al día siguiente, su mayor problema iba a desaparecer. No le molestó en absoluto que toda la noche hubiera ruidos de serruchos, martillos y voces en su patio. Allí mandó levantar la horca... ¡en el jardín de su casa!

CAPÍTULO 10

El insomnio salvador e

inesperado del rey

El rey no pudo dormir esa noche. La comida del banquete de Ester había estado fabulosa y el vino sensacional. Sin embargo, el suyo no era un problema digestivo. Tampoco estaba nervioso por algún problema de Estado. Sí, era la belleza de Ester que lo tenía loco. No se la podía sacar de la cabeza. Llegó a preguntarse qué embrujo lo estaba atormentando. Nunca había tenido esta experiencia del cosquilleo en el estómago cada vez que pensaba en ella.

Eran las dos de la mañana cuando se levantó, cansado de dar vueltas y vueltas sin poder conciliar el sueño. Mejor dicho, sin poder sacarse de la cabeza a esta niña, esta mujer, con su belleza despampanante y sus maneras dulces y tiernas. Ordenó que el escribiente, la guardia y los consejeros personales se reunieran de inmediato en el palacio. ¡Sí, a esa hora de la noche-madrugada! Algo le decía que tenía que hacer leer el libro de las memorias y crónicas de su reinado.

Todos protestaron cuando la guardia real convocó a cada uno por pedido expreso del rey. Pero, por supuesto, nadie dijo que no.

Medio dormidos, con una sonrisa de piedra, todos saludaron al rey como correspondía y fueron tomando sus lugares. Cuando estuvieron listos, el rey anunció que algo le molestaba, pero que no podía definir qué ni por qué ni dónde. Así que decidió comenzar por el principio. Le pidió al escribiente que le leyera de las crónicas reales los eventos del último año.

Finalmente, después de varias y largas horas de lectura, y ante el aburrimiento de la corte, el escribiente llegó al incidente de la denuncia que hizo Mardoqueo del complot de los eunucos Bigtán y Teres contra el rey. Al terminar el relato, Asuero preguntó qué se había hecho para honrar a Mardoqueo por haber salvado su vida.

La respuesta unánime: *Nada*.

Había amanecido. El rey se asomó por la ventana para disfrutar los primeros rayos del día, pero le llamó la atención unos ruidos fuertes que venían de algún lugar frente al palacio. Le pareció que venían de la casa de Amán. Supuso que habría alguna construcción nueva en la casa de su hombre de confianza. Pero cuando iba a preguntarle qué estaba construyendo, se dio cuenta de que Amán no estaba en el salón. Con una sonrisa franca, recordó que Amán había estado con él en el banquete de la reina Ester. Se le escapó un suspiro involuntario.

Volvió a mirar por la ventana y vio que venía alguien muy aprisa cruzando el patio en dirección al salón.

La guardia anunció que Amán estaba a la puerta y pedía audiencia con el rey. Asuero se la concedió, pero antes de que Amán pudiera exponer su pedido de ahorcamiento de Mardoqueo, el rey tomó la iniciativa.

—Querido y fiel Amán, ¿cómo crees que debo honrar a un hombre que se merece todo mi honor, respeto y reconocimiento? —preguntó el rey.

La pregunta sorprendió a Amán que, evidentemente, venía pensando en otra cosa. Sin embargo, como era muy inteligente, enseguida reaccionó y simuló estar pensativo para responder con sabiduría.

En todo tu reino, querido Asuero, ¿a quién otro quisieras honrar sino a mí?, se ufanó Amán para sí mismo. Puso cara de tener la respuesta que el rey esperaba recibir.

—La dignidad y excelencia de su Majestad son incomparables y no existe un mortal en este mundo que no desee su honra y respeto. Si alguno es merecedor de tal reconocimiento, entonces debe ser conforme a la dignidad y excelencia del rey. —Amán hizo una pausa y luego continuó—: Que se traiga un vestido propio del rey y se le coloque a la persona honrada la corona real. Así vestido y coronado, que uno de los príncipes más nobles del rey encabece una solemne y distinguida procesión hasta la plaza principal del reino. Allí, delante de todo el pueblo congregado, se proclamará en presencia del agasajado: «Así honra el rey Asuero a todo aquel que merezca su admiración y respeto».

—¡Muy bien dicho, querido Amán! ¡Muy bien dicho! Yo no podría haberlo expresado mejor —aprobó el rey inmediatamente—. Y como tú mismo eres uno de los principales y más nobles de mi reino, te asigno la responsabilidad de llevar a cabo esto que has dicho, e-xac-ta-men-te así, con el judío Mardoqueo. ¡Que no se te escape ningún detalle! Mardoqueo salvó mi vida; por lo tanto, así deseo honrarlo.

Por poco, Amán se desploma muerto delante del rey. ¡Jamás se hubiera imaginado esta desgracia! Ahora iba a ser imposible pedirle al rey que le diera permiso para ahorcar a Mardoqueo. ¿Y ahora qué hacía? ¡Tampoco podía negarse a cumplir con la orden directa del rey cuando la idea había brotado de sus propios labios!

¡Qué encrucijada! ¡Qué desastre!

—Pe… pe… pero hay que hacer los preparativos… —se excusó Amán, tratando de ganar tiempo.

—¡No! En este mismo instante. Sin más dilaciones. ¡Ya! —gritó el rey, rojo de furia.

79

Amán se inclinó murmurando un «¡Sí, señor!» y una maldición por lo bajo.

Un lacónico y deprimido Amán encabezó la procesión llevando a Mardoqueo, a quien él mismo había vestido con una capa del rey de terciopelo púrpura y una guarda con encastres de oro, y le había colocado la corona del rey Asuero. Durante toda esa mañana, estuvo en la plaza proclamando la honra dada por el rey Asuero al judío Mardoqueo, que había salvado la vida del rey.

Desde la montura, Mardoqueo miraba sin decir nada. Sin siquiera sonreír. No era tiempo de celebraciones. Era tiempo de duelo. Cada vez faltaba menos para el trece de Adar.

Cuando regresaron al palacio y Mardoqueo descendió de su cabalgadura, los ojos de Amán se encontraron con los suyos. Allí pudo leer el odio ancestral de siglos. A pesar de que todo parecía estar a favor de Amán, Mardoqueo olió el agrio y nauseabundo aroma de la muerte en su aliento.

Después, Mardoqueo volvió a su puesto en la puerta del palacio.

Amán se fue apresurado a su casa. Se sentía irremediablemente enfermo. Allí lo estaban esperando Zeres y sus mejores amigos.

—¿Te autorizó el rey a ejecutar al judío? —preguntó intrigada Zeres.

Entonces, Amán contó todo lo que había pasado desde que había salido tan resoluto hacia el palacio.

Zeres comprendió la verdad. Era imposible vencer a un judío.

La esposa de Amán reflexionó pensativa y se preguntó por qué los judíos eran así. Mientras lo hacía, recordó algunos detalles que conocía del Dios al que adoraban. Esa era la gran y abrumadora diferencia. Nadie podía vencer a los judíos porque Jehová estaba con ellos. ¡Sí, era imposible! Ni el poderoso ejército del rey Asuero podía contra este Dios. Aunque, seguramente, algo especial había pasado para que estuvieran viviendo como esclavos. Porque bastaba con verlo a Mardoqueo para comprender que no importaba dónde estuvieran, ellos sabían que eran judíos y servirían a su Dios Jehová siempre, aunque fuera en el último rincón del mundo. Era un pueblo inconquistable de corazón y, cuanto más se lo perseguía y maltrataba, más crecía su fe y más se aferraba a su Dios. ¿Sería la idiosincrasia del pueblo o ese Dios al que adoraban?

Finalmente, llegó a la conclusión de que tenía que ser el Dios de los judíos, porque todos los hombres tienen un precio y todos tienen un punto de quiebre. Sí, era su Dios. *¡Tendría que investigar más acerca de su Dios!*, pensó.

Los pensamientos de Zeres fueron interrumpidos por la llegada de los eunucos del rey para llevar a Amán al banquete de la reina Ester con el rey. El de Amán era el rostro de un hombre derrotado.

CAPÍTULO 11

Amán muere en su propia horca

El banquete fue un éxito total. Tan pero tan bueno fue que duró todo el día y toda la noche. El rey estaba locamente embobado conmigo, su adorada reina Ester.

El vino blanco dulzón hizo su efecto. El rey estaba muy muy alegre. Entonces, se incorporó y me repitió su oferta de pedirle hasta la mitad de su reino… que ya era mío. Estaba escrito en sus ojos. Estaba total y completamente entregado.

—Reina Ester, dime cuál es tu pedido ahora mismo. No me vuelvas a pedir que asista a otro banquete… —se quejó el rey—. No, no me malentiendas. Gustoso vendré a todos los banquetes que quieras ofrecerme. Pero ¡ahora quiero saber qué deseas!

Me puse de pie lentamente; mis pensamientos volaban desenfrenados. Necesitaba serenidad y compostura. Mis palabras serían definitivas. La diferencia entre la vida y la muerte. La razón de mi existencia. Mis 20 años de vida estaban en juego.

Sabía que Mardoqueo y tantos otros estaban afuera orando a Dios por mí. Esto me infundió confianza, pero lo que más me sostenía era saber que Dios me había acompañado hasta ahí. Aunque me sintiera sola y no pudiera verlo con mis ojos naturales, sabía que podía contar con Sus promesas fieles, como las que le hizo a Josué antes de conquistar Jericó.

Porque esta era una situación así de importante. Lo que estaba por decir y cómo lo diría iba a provocar una reacción y una decisión del rey.

—Su Majestad, si de veras cuento con el favor del rey y me quiere complacer como dice, mi pedido es

que usted no me quite la vida y que mi pueblo no sea destruido. Porque hay alguien que nos ha denunciado para ser exterminados y borrados del mundo. Si nos hubieran vendido para servidumbre pero mantenido con vida, yo no le haría este pedido; me callaría. Pero, sinceramente, ¿en qué beneficia al rey matarnos a todos?

El rey explotó de furia. Exigió saber quién era el culpable. Por el rabillo del ojo, vi que Amán estaba petrificado. Se dio cuenta de que había caído en mi trampa. Era tarde para lamentarse. El último bocado que había mordido le daba vueltas en la boca, pero no podía tragar. Estaba rojo como un tomate, con el rostro cubierto de sudor frío.

Giré sobre mis talones y levanté el dedo acusador contra Amán.

—Sí, el enemigo de todos los judíos es este malvado Amán. —Las palabras fluyeron entonces de mis labios seguros. Sabía que Dios había hecho algo sobrenatural cuando yo obedecí haciendo mi parte.

¡Qué paz invadió a todo mi ser!

El rey no lo podía creer. Miraba a Amán; me miraba a mí. Miró a Amán y nuevamente a mí. Además, cayó en la cuenta de que Amán lo había estado extorsionando para conseguir de él todo lo que quería. ¡Lo había estado usando para sus propósitos asesinos!

*****

El rey miró a la basura humana llamada Amán y sintió asco. ¡Cómo se había convertido en una miserable rata el hombre que parecía todopoderoso y en quien había depositado tanta confianza y autoridad! Asuero salió del salón hecho una tromba y se fue al jardín. Con el aire más fresco, comenzó a pasar el efecto del vino.

El rey paseaba por el jardín tratando de decidir lo que debía hacer. Se reprochaba una y otra vez haberse equivocado tanto con el hombre que había puesto como segundo al mando de su reino. También comprendió que pagaría muy caro este error, porque en las crónicas del reino, quedaría registrado que había dado poder y autoridad a alguien que lo había traicionado y usado. El rey Asuero iba a quedar para toda la historia como un tonto y algunas otras cosas más...

*****

Cuando el rey salió al patio, quedamos solos Amán y yo en el salón.

Entonces, Amán se bajó como pudo de su asiento, mareado por el vino y por lo que veía venírsele encima. Trastabilló, se tambaleó sobre el sillón donde yo me había recostado y quedó desparramado sobre mi falda. Me suplicó que le perdonara la vida, que intercediera ante el rey para que no lo matara.

En mi interior, estaba a punto de explotar. Por un lado, me daba pena verlo en este estado lamentable, porque estaba completamente destruido y sabía que era hombre muerto. Por otro lado, estaba festejando anticipadamente, gozando la victoria sobre esta rata asquerosa que no se detuvo por nada en su odio contra mi primo Mardoqueo ni en su afán por destruir a toda una nación.

Acá estaba a mis pies mi peor enemigo, suplicando por su vida.

En ese preciso momento, el rey entró y vio a Amán tirado sobre mí... y pensó lo peor.

Vino corriendo hacia nosotros con sus eunucos detrás de él.

—¿También quieres violar a la reina aquí, en mi propia casa, delante de mis propias narices? —gritaba a voz en cuello Asuero, con los ojos completamente desorbitados. Entonces, ordenó a los eunucos que prendieran a Amán.

Los eunucos le saltaron encima como leones hambrientos. Amán gritaba y pataleaba tratando de explicar que se había tropezado. Nadie le prestaba atención. Los siervos del rey tomaron una tela del cortinado y le envolvieron la cabeza.

Uno de los eunucos, llamado Harbona, que también sabía de la horca que había mandado construir Amán, le sugirió al rey: «En la casa de este hombre, hay una horca de casi 23 metros que él mismo mandó preparar para Mardoqueo, a quien usted mandó honrar ayer. Podríamos usarla para Amán».

Al rey también le pareció una muy buena idea. Así que se lo llevaron y allí mismo lo colgaron en su propia horca, en el patio de su casa y delante de su esposa, hasta morir. Mientras aún estaba colgando por el cuello, Harbona le arrancó el anillo que el rey Asuero le había dado para firmar la ordenanza de exterminio de los judíos y se lo devolvió al rey.

Así se aplacó la furia del rey.

CAPÍTULO 12

Se anula el exterminio de los judíos

Ese mismo día, el rey me entregó la casa de Amán y todas sus demás posesiones, que eran unas cuantas. Había casas, campos y muchísimo oro. Bueno, está claro que todo es todo. Sin embargo, yo no quería quedarme con todo. Eché a la esposa de Amán, Zeres, y a sus familiares de la casa. Nadie quiere dormir junto al enemigo. ¡Yo tampoco!

Sin perder tiempo, nombré a Mardoqueo como mi administrador y lo puse a cargo de toda la fortuna que recibí. Pero teníamos un problema: el reloj que había puesto en marcha Amán seguía avanzando sin pausa hacia el día del exterminio. Que Amán no estuviera entre los vivos no significaba que el peligro hubiera desaparecido. Todo lo contrario.

La orden de exterminio no había perdido vigor. Había sido firmada por el rey y su sello real rubricaba la orden. Era inamovible. Cuando llegara el día, la ley se cumpliría.

Solamente había una solución: Mardoqueo insistió que debía volver a presentarme delante del rey, otra vez sin permiso y sin haber sido llamada. El objetivo era suplicar que el rey firmara un decreto autorizando a los judíos a armarse, a agruparse en grandes cantidades y defender sus vidas y sus posesiones contra cualquiera que viniera a atacarlos durante los días autorizados para el exterminio.

Más fácil hubiera sido pedirle al rey que anulara esa ley, pero eso era imposible porque nadie puede cancelar una ley firmada por el rey y con su sello rubricado, ni siquiera el mismo rey.

La estrategia era entonces armar una resistencia poderosa y disuasiva contra todos los que estuvieran dispuestos a llevar a cabo lo demandado por la ley. Sería suficiente que esa resistencia estuviera vigente 48 horas, el tiempo autorizado para el exterminio. Al día siguiente, ese decreto quedaba caduco, inservible, nulo y sin efecto.

Me preparé como me había enseñado Hegai y fui otra vez a ver al rey. Nuevamente, él me extendió el cetro. A diferencia de las oportunidades anteriores, estaba sonriendo, tal vez imaginando otra invitación a un banquete...

—¿Hay algo malo en la casa de Amán que te entregué? No, ya sé... —me interrogó el rey sonriendo con picardía—. Vienes a invitarme a un ban...

La frase quedó inconclusa porque el rey se dio cuenta de que estaba llorando. Bajó los escalones del trono hasta el llano del salón y se puso a mi lado.

—La reina Ester arruina su belleza al llorar. Además, nos priva de la alegría y la dulzura de su sonrisa —dijo el rey genuinamente, interesado en el bienestar de su amada reina—. ¿A qué se deben estas lágrimas?

—Es cierto que Amán ya no está entre nosotros. Sin embargo, la maldad que creó sigue inexorablemente su marcha y, si no es detenida y anulada, causará la muerte de toda una nación —dije entre sollozos y profundo dolor—. Le ruego a su Majestad que tenga misericordia y haga cancelar el decreto que pesa sobre nosotros, los judíos, en todo su reino.

*****

El rey Asuero comprendió enseguida de qué estaba hablando; él mismo había firmado el decreto. Ahora comprendió que había actuado precipitadamente, y cometido un error gravísimo. Mientras meditaba sobre la cuestión, sabía cuál iba a ser la respuesta a su amada Ester: *No*.

El rey caminaba de aquí para allá, pensativo. Los consejeros y los cortesanos también sabían que la respuesta sería *no*. El rey estaba atado de pies y manos. Ellos también entendían que el rey había actuado neciamente. Ellos mismos se habían manejado mal, porque todos sabían que esa decisión era políticamente incorrecta. Sin embargo, ¿quién se hubiera atrevido a oponerse al rey Asuero después de ponerse de acuerdo con el satánico Amán? ¡Nadie!

En definitiva, el salón estaba lleno de culpables, de necios y de arrepentidos.

El rey seguía caminando y pensando. Se sentía acorralado. Aunque no podía anular su decreto, tampoco podía dejar de hacer algo para remediar la mala decisión. ¿Pero qué? Había que crear una oferta que superara la vigente. Es decir, subir la apuesta. Si alguien ya había decidido a qué judío asesinar para quedarse con sus posesiones, había que ofrecerle algo que le diera mejores ganancias. Eso se podría resolver fácilmente, porque el tesoro imperial era fabuloso.

Sin embargo, el meollo de la cuestión era con qué reemplazar el placer que muchos sentirían al poder asesinar a sangre fría a cuanto judío se le cruzara. Asuero sabía que Amán tenía muchos amigos y seguidores que odiaban a muerte a los judíos. A esos personajes macabros y siniestros no se los podía comprar con dinero ni oro. El olor a sangre judía era su incentivo.

El rey se detuvo y miró uno por uno a sus consejeros y cortesanos. Sí, allí estaban también. Eran muchos los perros asesinos viciosos de Amán.

La situación se complicaba. Si, de alguna manera, el rey lograba encontrar una salida para evitar la matanza de los judíos, allí mismo dentro del salón donde todos respiraban el mismo aire, había suficientes voluntarios para asesinarlo también a él por defender la causa de los judíos. Habría una catarata de intentos de conspiraciones como el de Bigtán y Teres.

Seguramente, habría otra consecuencia inevitable, pero de menor efecto político. Se desataría una ola de rumores diciendo que el rey se había ablandado o acobardado. Otros dirían que una adolescente había logrado domar al gran león de Persia y que ahora era un gato temeroso. Y todavía otros dirían que solo bastaba invitar al rey a un banquete con un vino blanco dulce para conseguir que firmara cualquier decreto.

¿Qué hacer? Parecía que cualquier decisión que tomara el rey tendría consecuencias inevitables sobre su popularidad.

Mardoqueo salió de las sombras del rincón más alejado del salón, al costado de la puerta donde siempre estaba. Caminó lentamente hacia la reina Ester y se detuvo unos pasos detrás de ella. El rey Asuero lo vio por el rabillo del ojo. ¡Aquí está la solución! ¡Justo a tiempo! Mardoqueo era la solución a este problema.

El rey estuvo a punto de hablar, pero algo lo detuvo.

Mardoqueo es la solución a este problema. ¡El problema! Yo firmé el decreto. Si no me cuido al expresarme, parecerá que el problema soy yo. Pero fue Amán el que me llevó a meterme en este problema. Es decir, el problema entonces es Amán. ¡Eso! ¡Problema resuelto!, reflexionó Asuero.

*****

Todos en la corte estábamos pendientes de la decisión del rey Asuero. Perdí la cuenta de las veces en que fue y vino caminando con la cabeza gacha de lado a lado de las escaleras frente al trono.

El rostro del rey reflejaba los diferentes matices de sus pensamientos, como quien está teniendo una conversación con alguien imaginario. Su forma de caminar pasó de nerviosa a un transitar más calmo y sereno. Su rostro también acompañó el mismo proceso. Ya con los últimos pasos, su rostro reflejaba una expresión resuelta. La decisión estaba tomada y el rey tenía absoluto control de la situación.

—Mi muy querida reina Ester… como podrás darte cuenta, responder a tu pedido me ha llevado un buen tiempo —comenzó el rey Asuero con un tono firme y seguro, propio de un gobernante que sentará una política que cambiará el curso de la historia—. La demanda que me has hecho merece mucho más que una respuesta monosilábica, a pesar de que la inevitable respuesta sea un «no» rotundo y definitivo.

El rey Asuero enfatizó el *NO* mirando fijo a los consejeros, los generales del ejército y los cortesanos, porque sabía que allí había seguidores de Amán. Frente a ellos, debía mantenerse firme. Los decretos firmados y rubricados con el sello del rey son irrevocables.

Primer asunto concluido.

—Sin embargo, esta corte reconoce que no ha sido una resolución que mejor proteja los intereses del reino. Por lo tanto, para remediar las consecuencias que podría tener una decisión que perjudica directamente a todos los judíos, debemos actuar todos juntos sin temor a reconocer cuánto nos hemos equivocado —reconoció el rey.

—¿Y en qué nos hemos equivocado? Pues, en primer lugar, en dejarnos guiar por los intereses personales de alguien que, enceguecido por un odio ancestral, no tuvo escrúpulos en usarnos a todos para su venganza personal y no para servir mejor a los intereses del reino. Me estoy refiriendo a Amán. Y el engañado en primer lugar fui yo —afirmó enfáticamente.

Segundo asunto concluido.

El rey giró sobre sus talones, subió la escalinata, se sentó en el trono y tomó el cetro de oro con la mano derecha. Luego, continuó hablando con autoridad.

—De Amán ya nos hemos ocupado debidamente. Permítanme dar ahora una palabra de advertencia a todos aquellos cuyos pensamientos logró infectar este hombre enfermo de odio —declaró el rey levantando el tono de voz; el tono que le había valido el apodo de león.

—Yo no soy judío ni adoro al dios de los judíos. Sin embargo, ha quedado evidenciado hoy que cualquiera que se enfrente a este dios, como lo hizo Amán, no tendrá suerte en sus intenciones. —El rey hizo una pausa en su discurso y reflexionó—: Me parece que cualquier arma o estrategia que sea forjada contra este dios y contra el pueblo judío terminará siendo su propia vía de muerte y maldición. Nadie puede contra este Dios con mayúscula.

El rey se puso de pie y extendió el cetro.

—Por lo tanto, debemos ordenar un decreto que genere una solución definitiva y que tenga consecuencias más poderosas que las que generará el primero —afirmó el rey—. Y ese decreto no lo podemos escribir solo nosotros. Deben colaborar fundamentalmente la reina Ester y el fiel siervo del rey, Mardoqueo, quien ya ha probado su lealtad salvándome la vida. Entonces, les delego la autoridad para redactar en mi nombre el decreto que resuelva este problema, sin anular el primero, y para sellarlo con mi anillo, para que no pueda ser revocado. ¡Deben comenzar inmediatamente!

¡Síiiiiii!, dije por lo bajo con los puños cerrados.

*****

Con Mardoqueo, citamos a los escribanos del reino y redactamos el siguiente decreto:

«El rey Asuero concede permiso a todos los judíos que habitan en el territorio del reino a unirse con el propósito de defenderse y proteger sus vidas contra todo atacante que venga contra ellos. Pueden hacerlo en forma individual o en grupos armados, y se les autoriza a destruir, matar y acabar con toda fuerza armada que venga contra ellos, sus mujeres y niños, y a apoderarse de sus propiedades y bienes. Este permiso rige solamente para el día trece del mes de Adar».

Se firmaron y sellaron copias en todos los idiomas y dialectos que se hablaban en el reino y se enviaron correos especiales con caballos veloces a todas las provincias y ciudades del reino. Se había puesto en marcha un operativo de defensa para contrarrestar todo intento de los antijudíos de exterminarnos. Pero ¿sería suficiente? ¿Sería eficaz? Tendríamos que esperar hasta el trece de Adar para saberlo y, sobre todo, confiar en la mano de Dios, que siempre estuvo con Su pueblo.

Ese día fue súper especial para Mardoqueo. El rey lo llamó personalmente:

—¡Mardoqueo! Sal de detrás de las sombras de la puerta del salón. Sé que estás allí —gritó Asuero, aunque sin necesidad, porque su voz era potente y se le escuchaba perfectamente bien aunque hablara bajito—. ¡Ven que tengo algo especial para ti!

Con humildad, Mardoqueo se acercó al pie de las escalones del trono. El rey golpeó las manos y varios eunucos se acercaron con bandejas y ropajes. Lo rodearon y le cambiaron el vestido raído y viejo que usaba hacía años por uno nuevo, de una tela de la calidad que usaba el rey, de colores azul y blanco. ¡Le quedaba espectacular!

Otro golpe de manos del rey y apareció un eunuco con un gran almohadón dorado, que despertó exclamaciones de asombro por todo el salón. Sobre el almohadón, había una gran corona de oro y el mismísimo rey se la colocó sobre la cabeza.

Inmediatamente, otro eunuco se adelantó y le colocó un manto de lino y púrpura.

¡Qué espectáculo sobresaliente! ¡Mi primo Mardoqueo había sido honrado otra vez por el rey! Ver a los dos hombres de mi vida lado a lado fue un premio muy especial para mí. Esa imagen me acompañará todos los días de mi vida.

A partir de este día, hubo un cambio total y rotundo en la forma en que todos trataban a los judíos. Además, pasó algo muy loco; algo que nadie se hubiera imaginado. ¡Mucha gente comenzó a convertirse al judaísmo y a querer buscar a nuestro Dios Jehová! Sin duda alguna, ¡Dios es grande y sorprendente!

Capítulo 13

Victoria total y riquezas

Mardoqueo estuvo muy activo desde el día en que fue publicada la ley de la autodefensa de los judíos en todas las provincias del reino. Trazó un plan estratégico: visitó las comunidades judías en todas las provincias y habló personalmente con los líderes judíos y las autoridades de cada ciudad.

No dejó nada librado al azar. La estrategia estaba basada en la sorpresa y la anticipación. Las órdenes de Mardoqueo fueron precisas: lo primero era estudiar e identificar a todos los potenciales enemigos de los judíos. A partir de allí, examinar sus movimientos para saber quiénes estaban haciendo planes de atacar y asesinar a los judíos. Tercero y fundamental, había que actuar primero.

Finalmente, llegó el gran día: el día del exterminio.

Pero lo que sucedió sorprendió a todo el mundo porque pasó todo lo contrario a lo esperado. Desde la madrugada, incluso antes de la salida del sol, se puso en marcha el operativo de autodefensa. Se reunieron los hombres judíos en todas las comunidades del reino y salieron antes del amanecer a buscar y matar a los que habían identificado como aborrecedores de judíos. La cuestión era anticiparse a las estrategias del enemigo.

La sincronización fue perfecta. Nuestros enemigos fueron sorprendidos en sus camas, o cuando recién se levantaban. No tuvieron tiempo para defenderse ni para gritar pidiendo ayuda. Como ninguno pudo escapar, tampoco pudieron dar aviso a los demás que pensaban asesinar judíos.

La victoria fue total y contundente antes del mediodía. Se contó con el apoyo de las autoridades y los jefes militares, ya que todos conocían, respetaban y temían a Mardoqueo.

Hubo un detalle, no menor, que llamó la atención de todos. Los hombres judíos que participaron del operativo de autodefensa se concentraron exclusivamente en sus enemigos. No interfirieron en la vida de ninguna otra persona. Cuando entraron en las casas de los que iban a asesinar judíos, hicieron solo lo necesario para anular la amenaza. En ningún caso tocaron las posesiones ni se llevaron nada de las casas.

Dentro del plan de Mardoqueo, había un grupo especial al que le fue asignada una tarea sumamente específica: debía encontrar y matar a los diez hijos de Amán, el agagueo.

Mardoqueo recordó que Dios se había enojado mucho con el rey Saúl por dejar con vida al antepasado de Amán, el rey Agag. Como no quería que se repitiera la historia, tomó la firme decisión de identificar, ubicar y terminar con los diez hijos de Amán... y con cualquier posibilidad de que se pudieran preparar para una posterior venganza.

Esa mañana, la misión especial también tuvo un éxito total. Los diez hijos varones de Amán fueron hallados y matados a espada. Los diez cuerpos fueron llevados a Susa, y entregados a Mardoqueo. Tampoco en las casas de estos hombres fueron tocadas sus posesiones.

Al final del día 13 del mes de Adar, 500 enemigos de los judíos habían sido exterminados en Susa. Este fue el informe que le dieron a Mardoqueo, quien a su vez le informó al rey.

¡Imagínense la sorpresa del rey! No esperaba semejante cantidad. Preguntó cuántos judíos habían muerto y se sorprendió más aún cuando supo que ninguno había muerto. Inmediatamente, llamó a la reina Ester para interrogarla sobre este asunto.

—Reina Ester, estoy realmente asombrado. Me han informado que, en Susa solamente, han matado a 500 ciudadanos. Si aquí mataron a tantos, no quiero imaginar lo que hicieron en el resto de las provincias. ¿Hay algo más que desees? —preguntó preocupado el rey.

La reina Ester respondió que le habían llegado informes acerca de actividades de algunos seguidores de Amán que estaban tramando en secreto una serie de venganzas. Por lo tanto, le pidió al rey que extendiera el plazo de autodefensa un día más para poder aniquilar esas amenazas antes de que se rearmaran y lanzaran una ola de ataques.

El rey entendió las razones y le concedió el pedido.

Además, la reina Ester le pidió a Asuero que se ordenara que colgaran en la plaza pública los cadáveres de los diez hijos de Amán no porque deseara hacer una escena morbosa, sino para enviar un mensaje directo y claro a todos aquellos que aún pensaban asesinar judíos: así iban a terminar también.

Claro, el rey vio la lógica en esto porque también necesitaba terminar con el «efecto Amán» y restablecer la paz interior en el reino. Estos dos decretos de asesinatos por odios que venían de siglos atrás y que no tenían nada que ver con él ni el reino de Persia ya le estaban resultando muy molestos, y no veía la hora de que se terminara el asunto.

Después de esta aplastante victoria, sucedió algo muy interesante. El nombre de Mardoqueo se convirtió en una leyenda. Fue temido, respetado por todos y su nombre se convirtió en un sinónimo de justicia divina.

CAPÍTULO 14

Celebración y fiesta

Alguien podría preguntar: ¿Qué tan grande fue el exterminio de los enemigos de los judíos? ¿Era realmente tan importante la amenaza que se extendió sobre nosotros? ¿Cuántas personas estaban dispuestas a terminar con los judíos?

Creo que la preocupación del rey Asuero estuvo bien fundada. Tal vez ya tenía alguna información; pero si la tenía, nunca dijo nada. Entre todas las provincias, fueron aniquilados 75.000 enemigos de los judíos.

¡Esa cantidad de hombres bien armados podría haber exterminado a toda nuestra nación con facilidad en un solo día!

No sé cómo reaccionas tú ante semejante realidad, pero a mí me corrió un escalofrío helado por toda la espalda cuando me lo dijeron. ¡De qué horror nos salvó nuestro Dios!

El día siguiente a los dos días en que los judíos exterminaron a sus enemigos, todo volvió a la normalidad. Los dos decretos del rey Asuero quedaron sin efecto, tanto el de Amán como el de Mardoqueo.

Ese día, se proclamó un banquete entre todos los judíos, estuvieran donde estuvieran. Así que aquí estamos, como te contaba al comenzar a compartir contigo todo lo que Dios hizo en mi vida, celebrando la gran victoria de nuestro pueblo por la mano de Dios en estos últimos dos días.

Fue tal la alegría que todo el día hubo festejo en las casas, las calles y las plazas. En forma espontánea, todos salían a compartir lo que tenían y les regalaban porciones de sus comidas a sus amigos y vecinos.

Como nunca antes, reinó en todas partes un nuevo estado de paz y seguridad. Fue como si se hubiera levantado una densa neblina negra y asfixiante para dar lugar a una fresca brisa y un cristalino y diáfano cielo azul. ¡Libertad!

Mardoqueo se sentó y escribió una carta que se envió a todos los judíos del reino, declarando que todos los años se celebre solemnemente la fiesta de Purim que, como les comenté al principio, tiene que ver con el nombre persa para «suerte», o sea, «pur».

Sin duda, para Amán no fue un día de suerte. Sin embargo, para nosotros como judíos, que no creemos en la suerte, sino en un Dios poderosísimo que gobierna los destinos del mundo y del universo, es y será un día de afirmación de nuestra fe en nuestro maravilloso Dios.

Miro hacia atrás y tengo que confesar que ha sido un tiempo sorprendente. En realidad, definirlo como sorprendente sería rebajarlo. ¡Fue extraordinario y fascinante!

Todo esto sucedió en menos de tres años. Parece que fue ayer que salí de mi casa donde vivía con Mardoqueo para hacer compras en el mercado, cuando los soldados del rey me tomaron y me llevaron al palacio real.

¡Qué terrible experiencia me había resultado! Claro, Mardoqueo me educó y me formó espiritualmente como una judía y, para nosotras, era un tremendo deshonor ser obligadas a tener relaciones sexuales con un hombre que no fuera nuestro esposo y que no fuera judío como nosotras.

Tuve que luchar contra todos mis principios, mi formación y educación, y contra todas las tradiciones propias de la fe judía… que no son pocas, hasta que comprendí que estaba en el lugar donde Dios me había colocado. Estaba en el tiempo que Dios había determinado que viviera. Estaba en la circunstancia que Dios había diseñado… Y todo porque Él tenía un propósito, un plan para mi vida y también un plan para mi pueblo.

¿No te parece una locura que Dios haya manejado con tanta creatividad a un rey tan poderoso como Asuero a través de una sencilla y pequeña adolescente como yo? Pues, sí, así es nuestro Dios: creativo y asombroso, poderoso y lleno de amor.

Porque la realidad de esta historia, por más que nos tuvo a Mardoqueo y a mí como protagonistas, es que se trata de cómo Dios está salvando a la humanidad. Él le hizo una promesa a nuestro padre Abraham de que todos los hombres y mujeres serían bendecidos a través de alguien que vendrá en algún tiempo, en el futuro para mí, y que es descendiente de nuestra nación.

Por eso fue tan importante que la matanza de los judíos se frustrara. Dios no lo iba a permitir.

Por eso todos los hombres y mujeres del mundo de todos los tiempos (¡el tuyo también!) pueden celebrar la vida y este triunfo nuestro en este tiempo de la historia. No es la victoria sobre Amán; él fue solamente un instrumento en el plan diabólico de engaño y muerte que apuntaba a dejarnos a todos sin la promesa de Dios. Así es el diablo. Siempre busca matar, robar y destruir.

Yo no conozco tu realidad ni tu situación actual. Pero sí sé una cosa: puedes confiar en el poder de Dios y creer que, por encima de las circunstancias y adversidades que parecen poderosos gigantes que te vencerán irremediablemente, está el gran Dios de amor, que sabe lo que hace.

Yo aprendí a perder el miedo a esos poderosos gigantes. Los que yo enfrenté se llamaban Asuero y Amán. Seguramente, los que tú enfrentas tienen otros nombres. Sin embargo, si los comparas con Asuero y Amán, quizás reconozcas algunas características y comportamientos similares, amenazas que se parecen mucho y se escudan en otros a quienes seducen con sus adulaciones. Sí, porque en el fondo, no tienen ningún poder propio, y cuando Dios interviene, terminan llorando y pidiendo misericordia y perdón. Son solamente dignos de lástima, como Amán.

115

¿Quieres saber cuál fue mi fórmula secreta? Creer en Dios y en todo lo que Él dice. Aunque parezca tonto, aunque parezca imposible, descubrí que Él siempre dice la verdad y siempre tiene razón. Además, como conoce todas las cosas, sabe qué es lo mejor para mí, y para ti también.

Dios siempre vence. Su amor siempre triunfa. Él siempre tiene la última palabra.

Ah, cuando comencé mi relato, Mardoqueo me hizo una pregunta tremenda. En ese momento, no sabía cuáles serían las implicancias de decirle «sí» a Dios. ¡Fue extraordinario! Superó todas mis expectativas.

Ahora sé que cada una de nosotras estamos donde estamos por una razón, para un propósito de Dios en este mundo. Yo ocupé mi lugar en la historia. Ahora te toca a ti hacer algo que transforme tu mundo desde el lugar que ocupas en la historia.

CAMPEONES DE LA VIDA

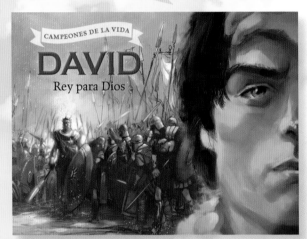

ISBN 978-1-4336-8836-2

ISBN 978-1-4336-8843-0

ISBN 978-1-4336-8966-6

ISBN 978-1-4336-8970-3

JOVEN
Porque Cada PALABRA Cuenta®
BHEspanol.com

Poesía para niños

ISBN 978-1-4336-8727-3

ISBN 978-1-4336-8980-2

"Hacemos poesía para niños porque los juegos de palabras, su música y encanto favorecen la capacidad de soñar, de poner el mundo de cabeza para buscar ese grano de mostaza que nos hace ver lo invisible." —Sandra De la Torre

"Escribo poesía para niños porque nunca dejé de sentirme niña y nunca olvidé lo que era descubrir el mundo. Además, creo que los niños necesitan textos que los lleven a sí mismos. La poesía es mi lenguaje natural, como tomar agua, respirar…" —Marialuz Albuja

B&H
NIÑOS
Porque cada PALABRITA cuenta
BHEspanol.com

LA GRAN HISTORIA

ISBN 978-1-4336-8811-9

Cuéntales a los niños la gran historia de Dios con este libro innovador e interactivo de historias bíblicas. Incluye 145 historias acompañadas de ilustraciones originales a todo color, una sección de «Conexión con Cristo» que les muestra a los niños cómo el plan divino de salvación mediante Jesús aparece en toda la Biblia, y una aplicación gratuita de realidad aumentada que hace que la ilustración y la historia cobren vida tanto en lo visual (en 3D) como en lo auditivo.

Estos libros de historias bíblicas para niños hacen que la Palabra de Dios cobre vida de una manera nueva, para que los niños puedan aprender cómo Jesucristo es el hilo conector de la Biblia. Entender este concepto importante a temprana edad formará el crecimiento espiritual del niño y aumentará su fe.

ISBN 978-1-4336-8956-7

Esto libros incluyen una aplicación con más de 100 fotos de realidad aumentada que ayudarán a que las historias cobren vida ante los ojos de los niños, y los códigos QR vinculan a clips de video en más de diez historias clave.

ISBN 978-1-4336-8968-0

ISBN 978-1-4336-8967-3

Porque cada PALABRITA cuenta
BHEspanol.com

Otros titulos de B&H

Las mujeres de
La Biblia
cuentan sus historias
para niñas

Angie Smith
ilustrado por Breezy Brookshire

ISBN 978-1-4336-9189-8

Aveluz
El secreto de las nubes

Firebird
He lived for the sunshine

Brent McCorkle
& Amy Parker

Bilingual
Version

ISBN 978-1-4336-8979-6

B&H
NIÑOS
Porque cada PALABRITA cuenta
BHEspanol.com